FACULTÉ DE DROIT DE PARIS.

THÈSE

POUR LE DOCTORAT.

DES ORIGINES
DE LA COMMUNAUTÉ DE BIENS ENTRE ÉPOUX.

DU PASSIF
DE LA COMMUNAUTÉ APRÈS SA DISSOLUTION.

L'acte public sur les matières suivantes sera soutenu

Le mercredi 24 juin 1857, à 1 heure,

PAR LOUIS PASSY

AVOCAT A LA COUR IMPÉRIALE DE PARIS, ARCHIVISTE PALÉOGRAPHE.

Président : M. Ch. GIRAUD, *professeur.*
Suffragants : M. PELLAT, *doyen et professeur.*
M. PERREYVE, *professeur.*
M. DE VALROGER, *professeur.*
M. BATBIE, *suppléant.*

Le candidat répondra en outre aux questions qui lui seront faites sur les autres matières de l'enseignement.

PARIS

TYPOGRAPHIE DE FIRMIN DIDOT FRÈRES, FILS ET Ce,
IMPRIMEURS DE L'INSTITUT, RUE JACOB, 56.

THÈSE
POUR LE DOCTORAT.

DES ORIGINES

DE LA COMMUNAUTÉ DE BIENS ENTRE ÉPOUX.

DU PASSIF

DE LA COMMUNAUTÉ APRÈS SA DISSOLUTION.

L'acte public sur les matières suivantes sera soutenu

Le mercredi 24 juin 1857, à 1 heure,

PAR LOUIS PASSY

AVOCAT A LA COUR IMPÉRIALE DE PARIS, ARCHIVISTE PALÉOGRAPHE.

Président : M. Ch. GIRAUD, *professeur.*
Suffragants : M. PELLAT, *doyen et professeur.*
M. PERREYVE, *professeur.*
M. DE VALROGER, *professeur.*
M. BATBIE, *suppléant.*

Le candidat répondra en outre aux questions qui lui seront faites sur les autres matières de l'enseignement.

PARIS

TYPOGRAPHIE DE FIRMIN DIDOT FRÈRES, FILS ET Cᵉ.

IMPRIMEURS DE L'INSTITUT, RUE JACOB, 56.

1857

A MON PÈRE,

A MA MÈRE,

DES ORIGINES

DE LA

COMMUNAUTÉ DE BIENS

ENTRE ÉPOUX.

L'origine de la communauté de biens entre époux est une des questions les plus délicates et les plus controversées de l'histoire du droit. Plus de vingt savants sur les difficultés de la matière ont exercé leurs plumes; et il ne faut rien moins qu'une conviction profonde pour oser, après MM. Laboulaye et Tardif, Laferrière et Ginoulhiac, entrer dans le débat. Je ne prétends point avoir découvert la vérité tout entière, mais, par des recherches étendues, un grand nombre de preuves inédites, des conclusions nouvelles, j'espère l'avoir quelquefois atteinte. C'est assez : un autre plus heureux résoudra le problème.

SECTION I.

Des origines celtiques, romaines et germaniques de la communauté de biens entre époux.

1. *Des origines celtiques.*

Toute la discussion roule sur un texte de César.

Beaucoup d'auteurs ont pensé que la communauté de biens entre époux avait une origine celtique, et entre autres, Pasquier, Grosley et Heineccius ; mais Grosley confond les Gaulois et les Germains[1], et Heineccius suppose que les fruits produits par le capital commun se partagent entre l'époux survivant et les héritiers du défunt[2] : double erreur. M. Pardessus, après s'être rangé à l'opinion de Grosley dans son mémoire sur l'origine du droit coutumier[3], a changé d'avis, et voit dans le texte de César, non pas l'origine de la communauté légale, mais l'origine de la communauté d'acquêts[4]; l'application en un mot des articles du code 1498 et 1525. Nous ne pouvons adhérer à cette doctrine : le texte de César suppose des apports déterminés, convention prévue par l'article 1500 et non par l'article 1498. César dit que les fruits seront capitalisés, et dans la communauté d'acquêts ils sont consommés définitivement au profit du ménage commun. L'article 1498 suppose l'exclusion de la masse commune, des biens apportés par les époux, le prélèvement de ces biens par chacun d'eux, au jour de la dissolution. Le texte de César nous montre une masse des biens propres aux deux époux, et l'attribution de cette masse au survivant. Enfin l'article 1525 réserve aux héritiers de l'autre époux le droit de reprendre les apports, tandis que César enlève l'apport aux héritiers de l'époux prédécédé.

M. Tardif, dans un travail très-distingué sur les origines de la communauté, a rapproché ce texte d'un autre d'Ulpien, et, partant de cette ingénieuse conciliation, M. Humbert, dans son grand travail sur les contrats nuptiaux, couronné récemment par l'Académie des sciences morales et politiques, a développé un système que nous proposons avec lui.

« *Viri quantas pecunias ab uxoribus dotis nomine acceperunt, tantas ex suis bonis æstimatione facta cum dotibus communicant.* » Les maris gaulois reçoivent de leurs femmes, à titre de dot, des valeurs (*pecunias*); *pecuniæ* signifie toute espèce de valeurs. De ses biens personnels le mari fait une mise égale ; une estimation constate cette égalité. Quel est son effet ? L'estimation vaut vente ; elle transporte la propriété de la dot de la femme. Le mari se trouve propriétaire de la masse, sous

1. *Recherches pour servir à l'histoire du droit français*, p. 8.
2. *El. jur. Germ.*, lib. XIII, § 263.
3. *Mém. de l'Acad. des inscr.*, t. X, p. 752.
4. *Loi salique*, p. 675.

la condition de rendre à la dissolution du mariage une valeur égale à celle constatée par l'estimation : *Viri communicant*, dit le texte; donc la femme n'a aucun droit à la codirection de ces biens. La dépendance de la femme à l'égard d'un mari qui sur elle a le droit de vie et de mort, l'analyse exacte du texte de César, me conduisent à penser que le mari réunissait dans sa main l'administration comme la propriété. Je supplie qu'on fasse attention aux mots *pecunias, tantas quantas, communicant, æstimatione facta :* tous ces mots n'indiquent-ils pas un apport de quantités? Et si le mari n'est censé avoir reçu que des quantités, comment restituerait-il autre chose que des quantités? Comment supposer qu'il lui faille conserver en nature des meubles, des troupeaux, des fruits? Comment faire une masse commune de choses aussi diverses que des fonds de terre, ou de l'argent, des meubles ou des animaux? Si l'on frappe la dot et l'apport du mari d'une égale indisponibilité, on crée en faveur de la femme un système de garanties qui n'existait pas même chez les Romains au temps de César : on immobilise des biens dont le mari est resté propriétaire. Malgré l'autorité et le respect dus à l'acce 1 de MM. Giraud[1], Laferrière[2] et Kœnigswarter[3], je ne puis croire que le mari n'ait pu librement, mais bien entendu sous la réserve du droit de la femme survivante, exploiter, administrer, disposer même des biens mis en commun. *Hujus omnis pecuniæ conjunctim ratio habetur : et fructus servantur.* On tient un seul et même compte pour toutes ces valeurs réunies et les intérêts sont mis de côté; ce compte est tenu pour déterminer les intérêts qui devront être remboursés. Évidemment *fructus* se traduit par intérêts, ce ne sont pas les fruits en nature. On ne peut conserver des moissons ou des bœufs jusqu'à la dissolution du mariage : nouvelle preuve qu'il s'agit ici de valeurs, de quantités, et nullement de biens déterminés. Ce système de conservation des intérêts a paru si étrange, qu'on a douté de la véracité de César. Mais César ne s'est pas trompé. Ulpien, loi 4, au Digeste, *de Pactis dotalibus*, demande s'il est permis de constituer en dot des fruits. La difficulté naît de ce que la dot devant être rendue, si les fruits, les

---

1. Giraud, *Essai sur l'histoire du droit français*, t. I, p. 35.
2. Laferrière, t. II, p. 405.
3. Kœnigswarter, *Histoire de l'origine de la communauté*, p. 35.

revenus sont la dot, il semble qu'il n'y ait pas de dot. Marcellus, sur la même question, répondait : *Erunt igitur in dote fructus, et fruetur iste usuris quæ et fructibus collectis, et in sortem redactis percipi possunt.* Et Ulpien disait : *Si pactum tale intervenit, ut maritus fructus in dotem converteret, et mulier se suosque aleret, lucreturve, et universa onera sua expediret? Quare non dicas conventionem valere?* Ce fragment est le commentaire du texte de César : il prouve la puissance de la convention gauloise, et sa validité dans le droit romain. Qu'y a-t-il d'étonnant? Croit-on que le mari n'ait aucun intérêt à posséder une masse de valeurs? La propriété des objets ne peut-elle pas fournir un revenu supérieur à celui que fixe l'estimation? L'argent, par l'usage que l'on en fait, ne peut-il pas s'élever au-dessus de l'intérêt ordinaire? Le mari trouvera donc, même en mettant de côté les intérêts, dans l'usage et la disposition des valeurs réunies, un bénéfice réel. Je conclus : le mari n'était tenu que de rendre les apports et les fruits; ayant la libre exploitation du capital, il gardait les acquêts, et gardant les acquêts, il était tenu des charges du ménage. Peut-être faudrait-il dire comme Ulpien, que la femme devait pourvoir à ses propres dépenses? Ce qu'il y a de certain, c'est que le texte de César ne crée pas pour la femme l'obligation d'apporter en dot tous ses biens, et que la paraphernalité semble avoir été le droit commun de la Gaule. Nous voilà bien loin de la communauté. Enfin César dit : *Uter eorum vita superarit, ad eum pars utriusque cum fructibus superiorum temporum pervenit;* celui qui survit recueille la part de l'autre avec les intérêts des années antérieures. Remarquons que la part recueillie est la *pars pecuniæ estimatæ,* et qu'en parlant des *fructus superiorum temporum,* César ne parle pas des acquêts, qui d'ailleurs devaient être peu considérables.

En définitive, nous proposons de voir dans le texte de César un apport réciproque de valeurs égales, exploitées par le mari librement et à son profit pendant le mariage, mais à charge de rendre une pareille valeur avec les intérêts intermédiaires, à la femme, si elle survit. On ne doit donc en aucune façon rattacher la communauté aux principes gaulois. La seule chose qu'on puisse dire, c'est qu'ayant pour base l'égalité des apports et l'égalité des droits, quant à la dévolution, le régime décrit par César a préparé les esprits à l'idée d'une société civile entre époux.

2. *Des origines romaines.*

Il n'est pas de législation plus contraire à la communauté que celle des Romains. N'en cherchons pas d'autres causes que l'organisation politique de la famille. La famille romaine est une famille civile. La puissance est la base sur laquelle elle repose; *potestas* à l'égard des enfants, des esclaves, *manus* à l'égard de la femme. Or, de deux choses l'une : ou la femme est passée *in manu* au moyen de certaines solennités, et Gaïus nous dit : *Erat mulier mater familias viro filiæ loco;* la femme *in manu* n'est plus *sui juris;* la personnalité de la femme, la propriété de ses biens se perd dans la toute-puissance du mari ; — ou le mariage s'est fait sans la convention *in manum*, la femme n'est qu'*uxor;* elle n'est plus *mater familias :* chacun des époux conserve ses biens. La femme reste dans sa famille et sous la tutelle de ses proches.

La *manus* tomba en désuétude, et le mariage libre se développpa; mais ce mariage libre, c'était, au milieu de la communauté de la vie, l'isolement des époux, la séparation des biens et des intérêts. De là toute la législation sur la dot. Dans le développement du régime dotal, dans la faculté illimitée du divorce, dans ces unions passagères où les deux époux restaient étrangers l'un à l'autre, dans le caractère avare et cupide du peuple romain, je trouve autant de réponses à la doctrine des Hotman, des Brisson, des Bouhier[1]. Les mœurs étaient trop contraires à la communauté pour qu'il ne faille pas se défier des textes les plus concluants.

On cite un passage de Columelle (lib. XII, *de re Rust.*) : *Nihil conspiciebatur in domo dividuum, nihil quod aut maritus aut femina proprium esse juris sui diceret.* Mais ce texte fait allusion à cette communauté de fait qui existait aux premiers siècles de Rome, et qu'on retrouve dans toutes les sociétés naissantes. On lit dans Denys d'Halicarnasse (*Ant. Rom.*, II, 25) : la femme qui a passé sous la puissance du mari avec le cérémonial prescrit, devient avec lui commune : expliquons-nous; la femme, en échange de la propriété de ses biens, acquiert sur

---

1. Hotman, *Ant. Rom.*, l. II (Op. t. III, p. 416). — Brisson, *Op. varia, de Ritu. nupt.*, p. 165. — Bouhier, *Cout. de Bourg.*, t. I, p. 179, nº 37.

les biens du mari un droit de succession, mais un droit de succession égal à celui de ses propres enfants. Est-ce bien la communauté? Reste un certain nombre de textes qui reconnaissent dans le mariage une société entre époux, et entre le mari et la femme une égalité théorique de droits. M. Tardif les a recueillis; c'est surtout la définition du mariage par Modestin (l. I, *de Ritu nupt.*) : *Consortium omnis vitæ, divini et humani juris communicatio;* une constitution de Gordien qui appelle l'épouse *socia rei humanæ atque divinæ* (C. IX, 32, 4); ces vers de Martial (75, liv. IV) :

> Te patrios miscere juvat cum conjuge census,
> Gaudentem socio participique viro;

enfin un texte de Scævola, loi 16, § 3, *De alim. vel cibar. legatis*, où l'on voit une société universelle de tous biens entre conjoints, avec partage égal entre le survivant et l'héritier; mais rien ne distingue cette association des sociétés ordinaires entre étrangers; et quant au mode de partager, il résulte d'un testament. La question est une question de fidéi-commis, et la solution, *non amplius quam quod vir pro sua parte præstabat deberi.*

Des textes de Modestin, de Nerva, de Scævola, de Martial, que faut-il penser? C'est qu'au-dessous des différences imprimées aux législations par des civilisations diverses, le fond des choses reste le même. Les jurisconsultes romains n'étaient pas seulement d'ingénieux et subtils esprits qui tiraient des conclusions de principes une fois posés, et qui faisaient la synthèse d'un droit fondé sur une organisation politique et artificielle : en vrais philosophes, ils cherchaient, trouvaient et proclamaient les vérités qui découlent de l'organisation naturelle; or, qu'est-ce que le mariage? une société entre époux [1]; et dans cette société, plus que dans aucune autre, n'est-il pas légitime de présumer l'égalité des associés? Voilà comment Paul a décidé que le mari, comme associé, *diligentiam præstabit quam in suis exhibet* [2]. Il est certain que les époux romains pouvaient contracter des sociétés, en contractaient parfois sur des bases d'égalité; mais il est certain aussi que les belles définitions du mariage sont restées

---

1. D. Tryphoninus, fr. 52, *de Re jud.*
2. D. Paul, fr. 17, *de Jure dotium.*

des utopies, et que la communauté a trouvé dans les mœurs comme dans le droit d'insurmontables obstacles. Nous dirons donc, avec Renusson et Lebrun : « Par le droit romain, il n'y avait point de communauté de biens entre le mari et la femme. »

3. *Des origines germaniques.*

Nous n'avons trouvé la communauté ni dans le droit celtique ni dans le droit romain. La trouverons-nous dans le droit germanique? la trouverons-nous dans la Germanie de Tacite? Si la patrie était tout le fond d'un Romain, l'indépendance était tout le fond d'un barbare. Le Germain s'isole pour rester libre, il s'entoure pour garantir sa liberté. Autour de lui et sous lui, sa famille, ses clients, ses esclaves. La polygamie est le droit commun des peuples du Nord. L'histoire nous montre que l'exception de Tacite est la règle. « *Nam prope*, dit Tacite, *soli Barbarorum singulis uxoribus contenti sunt ; exceptis modum paucis, qui non libidine sed ob nobilitatem plurimis nuptiis ambiuntur*[1]. » L'homme puissant fait gloire du nombre de ses épouses, mais comme d'autant de choses dont il use, qu'il peut abandonner, vendre ou détruire, qu'on brûlera peut-être à ses funérailles[2]. Pour lui le mariage est un marché, et le marché se renouvelle au gré de ses désirs. Cette phrase de Tacite sépare profondément la condition de l'homme et de la femme. L'homme peut avoir plusieurs épouses, la femme ne peut avoir qu'un époux. « *Sic unum accipiant maritum, quomodo unum corpus unamque vitam*[3]. » Et, je le demande, la communauté peut-elle naître au sein de la polygamie? Ce qui a fait illusion, c'est le respect dont le Germain entoure la femme, c'est la protection dont il la couvre. Comment s'en étonner? Dans les sociétés barbares, la femme est le premier des biens; le Germain défend sa femme comme il défend ses troupeaux. En vengeant sa femme, il se venge lui-même : c'est toujours lui et son indépendance qui sont en cause. Aussi ne faut-il attacher aucune importance juridique à cette expression,

1 Tacite, 18.

2. Ozanam, *Études sur la Germanie*, t. I, p. 99. — Depping, *Hist. des expédit. maritimes*, t. I, p. 49.

3. Tacite, 19.

laborum periculorumque socia [1]. Ne voit-on pas pourquoi Tacite trace des mœurs étrangères un si charmant tableau? et le censeur des mœurs romaines ne se trahit-il pas dans le panégyriste de la Germanie?

Cette organisation du mariage germain repousse, ce me semble, le principe de la communauté; cependant on insiste; on désigne même l'institution qui lui a donné naissance, et cette institution, c'est le *mundium*. Le *mundium*, c'est-à-dire une mise de la famille dans la main du chef, une autorité spéciale sur la personne et les biens. La femme est soumise à un *mundium*, à une tutelle perpétuelle. Fille, elle est dans la main de son père; épouse, dans la main de son mari; veuve, dans la main de son fils ou de ses proches. « *Dotem non uxor marito*, dit Tacite, *sed uxori maritus offert* [2]. » Tacite voudrait faire croire à une dot, à une donation, mais cette dot n'est autre que le prix du *mundium*, *pretium nuptiale*, *pretium emptionis*, comme disent les lois barbares. Comment de cette puissance germanique faire découler la communauté? Je ne le vois pas. Qu'on soutienne que le *mundium* ait contribué au développement de la société conjugale; que, réduit à une simple mainbournie, il ait donné au mari le droit de diriger souverainement les biens communs, d'accord. Mais que cherchons-nous? Le moment, l'occasion où les droits de la femme sur la masse de la fortune conjugale ont été consacrés. Qui ne voit que l'essence de la communauté est l'égalité dans l'association, tandis que l'essence de la puissance maritale est la hiérarchie? Dans toute législation où la puissance maritale est très-développée, le principe de la communauté doit souffrir. Je me garde d'assimiler la *manus* et le *mundium*; mais, avec Ducange, je constate que ces deux institutions ont une nature commune : toutes deux constituent à des degrés très-divers l'autorité du mari sur la femme. Aussi de la *manus*, comme l'a enseigné Laurière; du *mundium*, comme l'ont soutenu MM. Kœnigswarter, Klimrath, Dubois et Ginoulhiac [3]; en un mot, d'un régime d'autorité, de

---

1. Tacite, 18.

2. Tacite, 18.

3. Kœnigswarter, *Rev. de leg. et de jur.*, 1843, t. XVII, p. 399 et 452. — Klimrath, *Ibid.*, t. IV, p. 61. — Dubois, *Rev. de leg. et de jur.*, 1849, t. III, p. 385. — Ginoulhiac, *Histoire du régime dotal*, p. 285 et suiv. — Ce système a été suivi en Allemagne par des hommes éminents : MM. Phillipps, Eichorn, Mittermaïer.

tutelle dont le principe est l'inégalité, je ne puis faire sortir un régime d'association conjugale dont la base est l'égalité.

Une dernière et importante remarque. Si la communauté venait du droit romain, elle aurait pris son essor dans les pays de droit écrit. Or, c'est dans le nord de la France que ce régime de mariage s'est le plus développé. De même, si la communauté était dérivée du *mundium*, elle aurait dû se perpétuer dans les pays du Nord, où le *mundium* s'est conservé jusqu'à nos jours. Et précisément, dans ces contrées, la femme n'a jamais eu sur la fortune conjugale que les droits d'un héritier [1].

SECTION II.

De la communauté du cinquième au onzième siècle.

I.

J'arrive au moment décisif où le droit aux acquêts va naître. Pour la première fois il est consacré dans les coutumiers barbares; mais quelle est l'origine de ce droit? Quelle en est la nature? D'où vient-il et quel est-il?

Le droit aux acquêts a des origines chrétiennes. Trouvant un appui dans la distinction germanique des propres et des acquêts, dans le désir de relever le sort de la femme exclue des immeubles propres, de la *terra alodis*, *aviatica*, *salica*, peut-être même dans quelque usage établi, l'Église fit inscrire le droit aux acquêts dans les coutumiers barbares. Le droit aux acquêts fut une transformation du morgengab, comme la communauté coutumière fut en partie, je dis en partie, une transformation du droit aux acquêts.

Cette théorie est nouvelle, essayons de la justifier.

Et d'abord un fait incontesté : l'influence incessante, univer-

1. M. Tardif, p. 17. — Hein., *El. Jur. Germ.*, t. I, p. 276-288.

selle de l'Église. Partout et toujours on la trouve dictant aux rois francs les capitulaires, rédigeant les lois barbares, et dans les actes quotidiens de la vie civile faisant prévaloir, par la plume des clercs les préceptes de l'Évangile ou les décisions des conciles. Parcourons tour à tour les coutumiers barbares, mais n'oublions pas qu'aucun de ces coutumiers ne nous offre les principes germaniques dans leur pureté. Tous sans exception reflètent la société telle qu'elle s'était refaite sous l'action de l'Église et au contact des idées romaines; tous portent le cachet d'une transaction entre les éléments divers qui se disputaient l'empire du droit.

Loi Ripuaire. — Commençons par la loi Ripuaire. La rédaction que nous possédons, le prologue le dit, date du roi Dagobert, l'ami de saint Éloi, le bienfaiteur des abbayes. La loi fut rédigée, *secundum legem christianorum*, par Claudius, Chadoindus, Magnus et Agilulf. Claudius d'origine romaine, fut maire du palais du royaume de Bourgogne; Magnus était un abbé que Didier, évêque de Cahors, protégeait; Agilulf, suivant le témoignage de Frédegaire, était évêque de Valence [1]. Voilà l'intervention de l'Église dans la loi Ripuaire prouvée.

Dans quelle mesure, en matière de mariage, cette intervention s'exerça-t-elle?

Deux cas peuvent se présenter : ou les parties ont dressé un acte, ou les parties n'ont point dressé d'acte.

I. Les parties ont dressé un acte. Il sera rédigé, en latin, par les clercs; mais l'Église craint que cet acte ne soit violé; elle connaît l'inconstance et la violence de l'époux barbare. De là le § 1 du titre 37 qui assure la liberté des parties et l'irrévocabilité des conventions « *Si quis mulierem desponsaverit, quicquid ei per tabularum seu chartarum instrumenta conscripserit, perpetualiter inconvulsum permaneat.* » Les conventions matrimoniales, peut-être rares à l'origine, se multiplièrent rapidement. La nouvelle position morale que le mariage chrétien assurait à la femme imposait des devoirs au mari franc; l'Église les lui fit remplir. Un acte constitua le morgengab. La femme reçut par donation du mari une part dans les futurs acquêts.

Soutenir en effet que la femme fût copropriétaire des acquêts,

<hr>

1. Savigny, *Histoire du droit romain*, ch. ix, § 32. — Pétigny, *De l'origine de la lois des Bavarois* (*Revue historique de droit français*, 1856, p. 309).

c'est lui donner dans la société, dans la famille germaine, un rang qu'elle n'avait pas. Le partage des acquêts suppose l'égalité des époux et une égalité juridique. Tout prouve que cette égalité n'existait pas. En achetant la femme, le mari achetait le *mundium*. Le *mundium* d'une part, en imposant au mari le devoir de la protection, lui donnait le droit de recevoir le whergeld, et de l'autre, en lui assurant la propriété des fruits et revenus de tous les biens, lui imposait l'obligation de payer les dettes. Ainsi la personnalité du mari dominait dans le régime des biens, et sauf l'aliénation des biens propres de la femme, on peut dire que le mari avait tout pouvoir, toute jouissance. N'est-il pas naturel de conclure que le mari avait la propriété absolue des acquêts et des meubles? Seuls les principes sur le *mundium* nous conduiraient à cette solution; il s'en faut de beaucoup que les textes nous soient contraires. D'abord nous voyons le mari disposer des acquêts pendant le mariage, en faveur de quiconque; nous le voyons mille fois disposer des acquêts en faveur de sa femme, les lui assurer par donation; la femme n'y avait donc pas un droit personnel. Enfin, il est très-important de remarquer que les lois ne règlent les droits de l'épouse sur les acquêts que dans le cas de survie. La formule 17, livre ii, de Marculfe ne fait pas obstacle.

Cette formule est un testament conjonctif dont l'usage était devenu fréquent depuis la novelle de Théodose. Il n'y a aucune raison pour ne pas l'appliquer aux Romains et aux Francs; elle appartient à ce droit coutumier qui se forma par les mœurs et sous l'action de l'Église, dans la décadence des législations personnelles.

Pour bien comprendre la formule 17, il faut supposer un acte antérieur, un *dotalitium*. Le mari a fait à la femme une donation du tiers de certains biens présents, et du tiers des acquêts futurs. Ceci posé, tout s'explique. Le mari commence, il fait plusieurs legs. *Villas illas filius noster recipiat, villas illas Basilica recipiat.* Or, le mari lègue précisément les villas dont la femme a ou peut avoir un tiers. « *Sed dum in villas aliquas, quas superius memoravimus, quas ad loca sanctorum heredibus nostris deputavimus, quod pariter stante conjugio adquisivimus prædicta conjux nostra tertiam inde habere potuerat.* » Le mot *potuerat* indique assez bien un droit acquis, mais ne s'ouvrant qu'à la mort du mari. Le mari ne peut donc pas disposer des biens qui servent de gage au droit de la femme, sans donner en échange une part égale, sur ses biens personnels. En un mot, le mari change l'assiette du *dotalitium*, comme au moyen âge il changera, pour une raison ou pour une autre, l'assiette du douaire [1]. *Propter ipsam tertiam*, ajoute le mari, *villas nuncupantes illas sitas in pagos illos, in integritate, si nobis subreptis fuerit, in compensatione recipiat*. Ces mots *si nobis subreptis fuerit, in compensatione recipiat*, doivent s'entendre en ce sens : *que la femme survivante reçoive en compensation*. Le mari, en faisant un testament, prévoit le cas où il prédécède; s'il ne prédécédait pas, son testament ne s'ouvrirait pas. Les legs, l'échange des biens sur lesquels est constitué le *dotalitium*, tout serait caduc. Donc le mari a raison de dire que la compensation n'aura lieu que si la femme survit. Cette théorie est pleinement confirmée par cette phrase : « *si tu mihi, dulcissima conjux suprestis fueris et ad alio marito transire volueris, omnem facultatem meam, quod ad usufructu possidere tibi concessimus, vel quod a die præsente deputavimus, et habere potueras, hoc præsentaliter hæredes nostri recipiant inter se dividendum.* » Si la femme était copropriétaire des acquêts, comment le mari pourrait-il soumettre le droit de propriété de la femme à cette condition qu'elle ne se remarie pas? Pour qu'il puisse modifier le droit de la femme, il faut que le mari l'ait créé. Voilà ma conjecture au sujet du *dotalitium* prouvée. Ainsi le *dotalitium* a établi au profit de la femme un droit dont l'étendue ne peut être fixée qu'à la dissolution du mariage, dont l'ouverture est en partie soumise à un terme, la mort de l'un des époux, et l'existence à cette condition, que la femme ne se remarie pas.

Supposons, maintenant, que la femme meure la première. Le mari a constitué en *dotalitium* à la femme le tiers de certain biens présents et le tiers des acquêts futurs. La femme est donc donataire du tiers des biens désignés dans le contrat, et associée pour le tiers des acquêts futurs réalisés au moment du décès. La femme peut donc léguer à son mari, comme laisser à ses héritiers, le montant du *dotalitium*. Et c'est ainsi qu'elle dit : *Si tu, domne et jugalis meus, mihi suprestis fueris, omni corpore*

---

[1]. *Cartul. de Saint-Bertin*, t. I, p. 201, n° 27, an. 1084. Ego Gerbodo et Ada conjux mea hæc ego omnia sciens, alodium meum, hoc est tertiam partem tocius villæ Ostreseld, quod prius conjugi meo in dotalitium dederam, ea ipsa consentiente et rogante, do... *Cart. de Savigny*, t. I, p. 124, an. 980. Le mari donne le *sponsalitium*.

facultate mea, quantumcunque ex successione parentum habere videor, vel in tuo servitio pariter laboravimus, et quod in tertia mea accepi, in integrum, quicquid exinde facere elegeris, absque repetitione heredum meorum, quod tua decrevit voluntas faciendi liberam habeas potestatem. Il faut remarquer que cette expression, *absque repetitione heredum meorum,* porte aussi bien sur *quantumcunque ex successione parentum,* que sur *vel in tuo servitio pariter laboravimus,* et que sur *quod in tertia mea accepi.* Quant à cette expression *quod in tertia mea accepi,* elle vise non pas l'échange, puisque cet échange est subordonné à la survie de la femme et elle est morte (*si nobis suprestis fuerit, in compensatione recipiat*), mais la donation des biens présents contenue dans le *dotalitium.* La formule ne dit pas *quod pro tertia mea accepi,* mais *quod in tertia mea accepi.*

Je conclus. Le mari franc était réputé propriétaire des acquêts et des meubles, en vertu du *mundium;* mais l'usage sous l'inspiration de l'Église s'était établi d'assurer à la femme dans les acquêts communs une part dont le montant était déterminé par le *dotalitium.*

II. Les parties n'ont point dressé d'acte. Le mari franc ne s'est point encore soumis au *dotalitium* chrétien. Faut-il livrer la femme à la discrétion du mari? Non. Ce que le mari donnait volontairement, il le donnera forcément. Et d'abord c'est la dot : prix de l'achat de la femme, versé jadis entre les mains des parents, et plus tard, quand la personnalité de l'épouse se dessine, entre les mains même de l'épouse. L'Église ne se contenta plus de la cérémonie du sou et du denier ; elle exigea la publicité du mariage, la célébration à l'église « *Nullum sine dote fiat conjugium* », dit le concile d'Arles. La dot devint légale, et le § 2 du titre 37 constate à cet égard le triomphe de l'Église : « *Si autem per seriem scripturarum ei nihil contulerit, si virum supervixerit, quinquaginta solidos in dotem recipiat.* » Outre sa dot, la femme au réveil de sa première nuit de noces, recevait un don, le don du matin, le morgengab. L'Église fut blessée par cette idée grossière du *pretium virginitatis.* Mais, comme il était de son devoir de protéger la femme contre les caprices de l'époux barbare, elle fit du morgengab ce qu'elle avait fait de la dot, elle le rendit obligatoire. C'était ruiner de fond en comble cette institution. Le morgengab légal de la loi Ripuaire n'est déjà plus le morgengab germain. Restait une difficulté. Comment fixer la nature, comment fixer la valeur du nouveau morgengab? Don volontaire, le morgengab variait avec la volonté du donateur; mais l'Église, toujours habile, prit l'usage et le transforma en loi. Ainsi nous voyons chez les Bourguignons, t. XII, et chez les Bavarois, t. VII, § 14, même après la rédaction de leurs lois, la coutume continuer d'établir la valeur des dots selon le rang et la condition des parties. Le § 2 du titre 37 prouve que chez les Ripuaires, le mari, quand il dressait un acte, donnait le plus souvent en morgengab le tiers des acquêts. Ce qui s'accorde très-bien avec les principes sur le *mundium* et les successions. « *Si autem per seriem scripturarum ei nihil contulerit, si virum supervixerit, quinquaginta solidos in dotem recipiat, et tertiam partem de omni re quam simul conlaboraverint sibi studeat evendicare, vel quidquid ei in morgengabe traditum fuerat, similiter faciat.* » Ainsi la loi Ripuaire assure à la femme survivante d'abord sa dot : ensuite, ou le tiers des acquêts communs, ou ce qui lui a été donné en morgengab. C'est à défaut de morgengab que la loi autorise la femme à prendre le tiers des acquêts. Il est impossible de donner au mot *vel* la valeur du mot *et*, puisque *et* est employé dans la même phrase suivant son véritable sens.

Je ne dis pas que l'Église ait inventé du jour au lendemain le droit aux acquêts; mais elle l'a développé, régularisé, transformé, si bien transformé que l'espérance de la femme a passé en droit, la liberté du mari en devoir. Frédégaire et l'auteur des *Gesta Dagoberti* racontent qu'à la mort de Dagobert, la reine Nanthilde reçut *tertiam partem de omnibus quæ Dagobertus rex adquisierat*[1] ; ainsi la révolution qui substitua au morgengab le tiers des acquêts était, en 638, légalement accomplie.

Ici se présente une question capitale : à quel titre la femme reçoit-elle cette part dans les acquêts? Est-ce en qualité de commune, ou en qualité d'héritière? Est-ce comme gain de survie, ou comme droit de propriété? Je tiens que cette dot légale, ce tiers des acquêts, ce morgengab, était un simple gain de survie. *Si virum supervixerit*, dit la loi Ripuaire, et ce texte me paraît inattaquable. Je ne vois pas dans le § 37 de la loi Ripuaire cette communauté légale qui comprend les meubles présents et les acquêts, avec partage entre l'époux survivant et les

1. D. Bouquet, t. II, p. 445.

héritiers de l'autre. Si le mari survit, il garde tout, meubles et acquêts ; s'il prédécède, la loi appelle la femme à prendre sa part dans les acquêts et les meubles. Je confonds à dessein les acquêts et les meubles : la fortune mobilière était si peu considérable, et il eût été si difficile de distinguer celle du mari et celle de la femme. La loi Ripuaire organise donc au profit de la femme un gain de survie en pleine propriété. La femme est et n'est qu'une héritière, sans droits tant que vit le *de cujus*, mais, dès qu'il est mort, propriétaire. Ce droit de propriété, la femme est censée le tenir du mari ; et, comme tout héritier, elle doit répondre aux créanciers du mari mort. La loi salique, titres 53 et 55, règle longuement le payement des dettes, et il me paraît impossible de soutenir que les avantages légaux du titre 37 de la loi Ripuaire aient pu, par privilége, être revendiqués contre les créanciers. Cette théorie serait absolument contraire au *mundium*. La femme doit donc payer sa part dans les dettes du mari, et c'est ainsi que je ferais volontiers remonter à l'époque franque le principe du droit de renoncer. On peut argumenter en ce sens de la nature successorale du douaire légal consacré par la loi Ripuaire, et surtout du titre 63 de la loi salique, qui vise un cas de renonciation solennelle à la famille et à l'hérédité.

Loi saxonne. — Un second coutumier appelle la femme au partage des conquêts : c'est le coutumier saxon. Ici encore je reconnais l'empreinte de l'Église. La loi saxonne a été rédigée sous Charlemagne, après la soumission, après la conversion des Saxons. L'esprit chrétien des vainqueurs s'y fait jour. Cette loi fut probablement soumise à la sanction des peuples qu'elle devait régir. Il est possible qu'on ait proposé l'introduction du droit aux acquêts, que les Westphaliens l'aient accepté et les Ostphaliens refusé. Tit. IX. « *De eo quod vir et mulier simul conquisierint, mulier mediam portionem accipiat; Hoc apud Westfalaos, apud Ostfalaos et Angrarios nihil accipiat, sed contenta sit sua dote.* » L'expression latine de *dos*, cette tournure du titre VIII, *Ostfalai et Angrarii volunt*, le tiers franc s'élevant à la moitié, l'introduction de la femme aux acquêts, voilà des marques nombreuses d'un droit avancé. M. Merkell rattache aussi le titre IX à la rédaction carolingienne.

Une autre réflexion me frappe. Vers 450, l'Angleterre fut envahie par les Saxons, et cent ans après par les Angles. En

Germanie, en Angleterre, les Saxons, les Angles eurent de continuels rapports. Comment se fait-il que dans un des plus anciens coutumiers barbares, dans la loi des Angles et des Thuringes, des Angles avant la conquête, nous ne trouvions au profit de la femme aucun droit aux acquêts; bien plus, aucun avantage au profit du conjoint? (Voyez titre VIII, *de Alodibus*.) Et, d'autre part, comment se fait-il que les lois d'Éthelbert, § 57, les lois des Angles après la conquête, accordent à la veuve qui a eu des enfants la moitié des biens, et si la veuve n'a pas eu d'enfant, § 60, des aliments et sa dot? Sous quelle influence le droit de la veuve s'est-il établi ? sous quelle influence les Angles de la Grande-Bretagne ont-ils abandonné les principes des Angles Germains? Je réponds enfin avec assurance : sous l'influence de l'Église. Éthelbert (560-615), roi de Kent, avait épousé la fille de Caribert, roi d'Austrasie. Cette princesse convertit son époux et la cour. Le règne d'Éthelbert fut signalé par la rédaction de plusieurs lois célèbres, les prédications d'Augustin, la fondation des églises de Londres et de Rochester, la destruction des idoles. Quelques savants ont avancé que la loi des Angles était un reflet de la loi des Saxons. Je soutiendrais volontiers le système contraire. Les lois d'Éthelbert précèdent de deux cents ans la rédaction de la loi saxonne; et par les relations continuelles des Angles et des Saxons, les dispositions chrétiennes d'Éthelbert ont dû réagir jusque dans les mœurs païennes des Saxons Germains.

.Faisons en terminant une observation importante. Chez les Westphaliens comme chez les Ostphaliens, la femme qui n'a pas d'enfant garde la *dos*, et la possède en usufruit jusqu'à sa mort. Cette *dos* n'est autre que le morgengab. Je m'appuie à cet égard sur l'opinion de M. Gaupp, cité par M. Laboulaye. MM. Eichorn et Philipps vont plus loin : ils y voient un véritable douaire; mais quand il y a des enfants du mariage, la *dos* chez les Ostphaliens devient la propriété absolue de la femme (titre VIII, §§ 1 et 2). Chez les Westphaliens, au contraire, la femme perd cette *dos*, c'est-à-dire son morgengab, et reçoit à la place la moitié des acquêts. Cette solution, tirée de la combinaison des titres VIII et IX, justifie le système que je propose sur le titre 37 de la loi Ripuaire. Chez les Saxons comme chez les Francs, le droit aux acquêts paraît quand disparaît le morgengab.

Loi des Visigoths. — A l'appui de ma première proposition, *l'Église a été la principale cause de l'établissement du droit aux acquêts*, j'invoque le code visigoth. N'est-il pas singulier d'y voir reconnu à la femme, dans les biens acquis pendant le mariage, une part proportionnelle à l'apport? Quelle est l'origine d'une disposition si étrangère au droit barbare? Je crois la trouver dans le livre II, titre xvi, des Sentences de Paul : « Sicut lucrum, ita et damnum inter socios communicatur. » L'Église voyait dans le mariage une *societas nuptiarum;* elle n'hésita pas à appliquer au contrat civil les règles de la société. L'idée de proportionner le partage des bénéfices à l'apport fut soutenue par l'Église, organe du droit romain. La loi qui consacre ce partage proportionnel est de Reccarède I; or Reccarède restaura en Espagne la religion catholique, et convoqua le concile de Tolède, dont il sanctionna les décisions. MM. de Savigny et Klimrath ont prouvé, sans réplique, que toute la matière du mariage était dans le code visigoth, empruntée au droit canonique et romain. Les choses avaient marché vite. Le morgengab disparaît comme institution principale; le droit aux acquêts lui-même se transforme en naissant; le mariage se constitue sur les bases d'une société. Le droit aux acquêts n'est déjà plus, comme dans le Nord, un gain de survie; c'est un droit de propriété : « *Quam sibi,* dit la loi de Reccarède, *post uniuscujusque mortem vindicabit persona superstes, et aut filiis suis, aut propriis relinquat heredibus, aut certe de ea facere quod voluerit licentiam obtinebit.* » Enfin les Visigoths assurent à la veuve non remariée, sur les biens de son mari, une part d'enfant en usufruit (l. IV, ch. iv). Ils lui donnent un douaire et la reconnaissent associée.

Loi des Bavarois. — Chez les Bavarois, point de morgengab. Influence romaine et ecclésiastique. La loi des Bavarois est en partie copiée dans le code visigoth.

1° Si la femme survit et qu'elle ait des enfants, la loi lui accorde une sorte de douaire, l'usufruit d'une part des biens du mari, part égale à celle qu'a recueillie chacun des enfants (tit. XIV, ch. vi). Si elle se remarie, la femme perd cet usufruit (tit. XIV, ch. vii, § 1). Ces deux décisions sont empruntées au code visigoth (liv. IV, tit. II, ch. xiv); mais par une disposition qui ne se retrouve pas dans la législation gothique, la mère qui se remarie, *mater vero proprias res, cum dote sua, quam per legem habet, egrediatur;* ainsi nulle mention des acquêts.

. 2° Si la femme survit et sans enfants, la femme reçoit, tant qu'elle reste veuve, *medietatem pecuniæ*, la moitié de la fortune mobilière (tit. XIV, ch. IX, § 1). Il ne faut pas croire que la femme hérite de la moitié de la fortune mobilière en toute propriété. Il ne s'agit ici que de l'usufruit : car si la veuve meurt, ou se remarie, *tunc quod proprium habet de mariti rebus quæ per legem ei debentur, accipiat* (ch. IX, § 2). La part d'enfants du chapitre VI, la moitié de la fortune mobilière du chapitre IX, sont l'une et l'autre un droit de veuve. En rapprochant ces différents textes, on arrive à cette conclusion, que les acquêts communs, les meubles mêmes, chez les Bavarois, appartiennent au mari, et que la femme exerce sur eux un simple droit de veuve, très-visiblement inspiré par l'Église.

Loi des Bourguignons. — La loi bourguignonne a les plus grands rapports en cette matière avec la loi bavaroise : si la femme survit et qu'elle ait un enfant, elle aura l'usufruit du tiers ; deux ou plusieurs enfants, le quart de la fortune du mari. Je dis l'usufruit, car, *quam tamen portionem post obitum ejus ad filios ipsius placuit remeare* (tit. LXIV, § 2). Si la femme survit et qu'elle n'ait pas d'enfants, elle jouira de l'usufruit du tiers de tous les biens de son mari (tit. XLII, § 1); mais si elle se remarie, elle perdra ce tiers légal. Il est très-curieux que cette *tertia pars totius substantiæ mariti* soit représentée par la loi comme un morgengab légal : car après avoir, dans le tit. XLII, § 1, parlé de la *tertia portio totius substantiæ mariti*, le code dit, § 11 : *De morgangeba vero, quod priori lege statutum est permaneat, nam si a tempore obitus prioris mariti infra annum nubere voluerit, habeat liberam potestatem, et tertiam substantiæ partem quam permissa fuerit possidere, dimittat.* » La femme n'avait donc aucun droit de propriété sur les acquêts, puisqu'elle les prenait dans l'*hæreditas* du mari, comme gain de survie et sous certaines conditions. Chez les Bourguignons, à la place du morgengab, s'est établi un usufruit du tiers de tous les biens du mari, comme chez les Francs, à la place du morgengab, l'usufruit du tiers de tous les acquêts communs.

Loi des Alamans. — La loi des Alamans, tit. LVI, § 2, mérite d'être notée : « *Si autem ipsa femina dixerit, maritus meus dedit mihi morgangeba, computet quantum valet aut in auro, aut in argento, aut in mancipiis, aut in equo pecuniam duodecim solidos valentem.* » La veuve vient, au nom de son morgengab, prendre sa part des valeurs mobilières qui le plus souvent seront les acquêts : nouvelle preuve, ce me semble, de la propriété des meubles et des acquêts communs par le mari ; nouvelle preuve de la substitution du droit aux acquêts, que je présume avoir été faite au morgengab, chez les Francs et les Saxons.

Si le droit aux acquêts était un principe germain, comment ne pas le rencontrer dans les lois les plus pures de toute influence ecclésiastique ? N'y a-t-il pas un grand enseignement en partant des lois des Frisons, des Angles, des Thuringes, où nulle pensée n'est donnée à la veuve, d'arriver aux lois salique, ripuaire, saxonne, où le droit aux acquêts s'introduit sous la protection du morgengab, d'atteindre aux lois bourguignonnes et bavaroises, où le droit de la femme ne se borne plus aux acquêts, s'étend à tous les biens du mari, devient un douaire, et de trouver enfin chez les Visigoths le douaire, la succession et la société ?

Je conclus. L'Église a ruiné l'institution du morgengab, en rendant obligatoire le don volontaire du lendemain des noces. Elle transforma en droit pour la femme, quand il n'y avait pas d'acte, ce que la femme, quand il y avait un acte, obtenait du mari. Le droit aux acquêts que la femme tenait du mari, la femme franque le tint de la loi. Les mœurs avaient modifié les principes.

II.

Le système des origines romaines de la communauté est généralement repoussé ; mais les textes qu'on cite, les arguments qu'on invoque, sont puisés dans le droit civil et dans le droit prétorien. Faut-il passer sous silence les constitutions impériales et ne découvrirons-nous pas dans le code Théodosien, dans le Papien, dans le *Breviarium Alarici*, quelques traces de la communauté conjugale [1] ?

Prenons pour point de départ le *Breviarium Alarici*.

L'usage des fiançailles se perpétue ; la femme apporte au mari une dot ; le mari fait à la femme une donation *ante nuptias*. Les

1. Signalons un bon travail de M. Bénech, sur la composition du *Breviarium Alarici ; Recueil de l'académie de législation de Toulouse*, t. III, 1854. — Et un travail de M. Ginoulhiac sur le Papien, *Revue historique de droit français*, 1857.

2.

pactes entre le mari et la femme sur la dot et la donation *ante nuptias* sont autorisés [1]. La dot et la donation doivent être transcrites dans les registres publics [2]. Cependant le mariage est valable et les enfants légitimes alors même que les formalités consacrées en matière de dot, et de donation n'ont pas été remplies [3]. Si la femme survit au mari, elle reprend sa dot [4] ; si le mari lui survit, le mari la garde, elle passe à leurs enfants. Si, le mari mort, la veuve se remarie avant un an, elle perd tout ce qu'elle a acquis de son mari. Les plus proches parents du mari revendiquent [5]. Si elle se remarie, le deuil écoulé, elle jouit de l'usufruit des biens donnés par le mari ; mais la propriété en revient à sa mort aux enfants du premier lit [6].

En dehors de la dot et de la donation *ante nuptias*, chacun des époux peut avoir des biens qui lui soient propres, meubles ou immeubles, peu importe. La dot appartient au mari : personne ne peut lui demander compte des fruits qui sont présumés avoir été consacrés aux dépenses du ménage [7]. A-t-il fait quelque bénéfice avec les revenus du fonds dotal, soit ; qu'il les garde [8]. La femme a droit d'agir seule dans l'administration de ses biens propres [9]. Le mari qui reçoit mandat de sa femme ne peut dépasser le mandat [10].

Ainsi l'idée fondamentale qui préside à la législation matrimoniale des Gallo-Romains, c'est la séparation des intérêts pécuniaires du mari et de la femme. Les époux jettent entre eux la dot et la donation *ante nuptias* pour combler la distance. Mais c'est en vain ; le droit païen ne peut les réunir.

Le droit du *Breviarium* ne se maintint pas dans sa pureté primitive. Le contact des législations rivales et l'action des mœurs nouvelles altérèrent son caractère. Qui nous dira comment par les textes canoniques, comment par les capitulaires, le droit gallo-romain fut successivement modifié? Les formules rendent au vif

1. *Brev. Alarici, c. Th.*, liv. III, tit. xiii, l. 2.
2. *B. A., c. Th.*, liv. III, tit. iii, l. 5.
3. *B. A., c. Th.*, liv. III, tit. vii, l. 3.
4. *B. A., c. Th.*, liv. III, tit. ix, l. 3.
5. *B. A., c. Th.*, liv. III, tit. viii, l. 1.
6. *B. A., c. Th.*, liv. III, tit. viii, l. 2 et 3.
7. *B. A., Novelles de Valent.*, tit. *de Fructibus inter virum et uxorem*.
8. *B. A., Paul*, liv. II, tit. xxii, *de Pactis inter virum et uxorem*, l. 1.
9. *B. A., c. Th.*, liv. II, tit. xii, l. 5.
10. *B. A., c. Th.*, liv. II, tit. xii, l. 4.

ce travail de fusion juridique, et j'oserai dire en m'appuyant sur elles que, dès le septième siècle, il se forma un droit coutumier, dont une des plus notables parties fut le droit matrimonial chrétien.

Le christianisme avait régénéré le mariage. Des époux il fit une seule personne en Jésus-Christ, de l'union conjugale une société de vie sous la sanction de l'amour et de la fidélité : « *Dum Dominus ab initio concessit in veteri T. 'amento* [1], *et præcepit ut relinquat homo patrem et matrem et adhæreat suæ uxori, ut sint duo in carne* [2] *una et quod Dominus conjunxit, homo non separet.* » disent à l'envi les actes et les formules. L'Église a toujours eu pour règle de respecter les législations civiles; mais souvent elle s'aida des mœurs pour les tourner et les pousser dans une voie chrétienne. Comme la législation du *Breviarium* offrait les bases d'une société, l'égalité pécuniaire des époux, le mandat de la femme pour administrer [3], l'Église tendit à faire passer dans la pratique, la théorie de la société conjugale. Remarquons, d'ailleurs, que le droit romain autorisait sur la dot et la *donatio propter nuptias*, tout pacte entre mari et femme. L'Église était fidèle au texte en faisant une convention matrimoniale, contraire à l'esprit de la loi. Ainsi s'établit une sorte de société d'acquêts entre époux Gallo-Romains. Cette société se constitua dans la *donatio propter nuptias* devenu le *dotalitium*. Elle comprit les acquêts communs et futurs. Le montant des droits de la femme associée fut déterminé par la part qui lui était fixée; et si le *dotalitium* avait gardé le silence sur les acquêts, point de société, chacun des époux reprenant l'acquêt qu'il avait payé ou reçu.

La coutume de faire intervenir dans tous les actes le mari et la femme ne fut pas sans effet sur le développement de la société conjugale. A cette coutume on assigne généralement une origine germanique. Il est vrai que les barbares regardaient la fortune comme la copropriété de la famille, et qu'en ce point ils ont exercé sur la rédaction des actes une notable influence; mais l'Église qui tendait à rapprocher les époux dans une même personnalité, et qui trouvait un moyen de grandir la femme,

1. *Genes.*, ch. 3.
2. *S. Matthieu*, XIX, 5.
3. *B. A.*, c. *Th.*, liv. II, tit. xii, l. 4.

n'était-elle pour rien dans cet usage universel? Et le droit romain lui-même? Une constitution de Dioclétien et de Maximien prévoit les difficultés qui naîtraient si un mari achetait au nom de sa femme un bien, et le payait avec son propre argent [1]. Voilà pourquoi ces expressions *elaborata eorum, quod pariter laboravimus*, qu'on trouve dans des formules, souvent mal attribuées au droit barbare, se renouvelèrent et se perpétuèrent par la plume des clercs. Sur le régime dotal qui tombe en décadence, les mœurs vont greffer une société chrétienne d'acquêts entre époux.

III.

Me voici parvenu au seuil de cette longue période dans laquelle se cachent les origines de la société féodale. Ne passons pas, à l'exemple commun, de Louis le Débonnaire à Louis le Gros, des capitulaires aux coutumes. Poursuivons, à travers le neuvième, le dixième, le onzième siècle, la recherche si périlleuse de la vérité. Les preuves nouvelles, les textes inédits que nous apportons au débat [2] méritent, nous l'espérons du moins, un examen sérieux.

Dans la double étude que j'ai consacrée aux coutumiers barbares et au droit romain, j'ai distingué le cas où les parties avaient réglé dans un acte, et le cas où elles n'avaient pas réglé dans un acte le sort des acquêts. Je maintiens cette distinction, et j'en fais la base de mes conclusions.

Pour peu qu'on examine avec soin les actes de ce temps, on est bientôt frappé du caractère général qui les domine. L'Église est le notaire de tous les peuples, et c'est de la même plume et du même style qu'elle rédige et constate les droits de chacun. Ajoutez à cela que dans la pratique barbare comme dans la pratique romaine, elle a transformé la matière du mariage, et qu'en agis-

---

1. *B. A.*, *c. Greg.*, lit. vii. Si sub alt. nomine res empta fuerit.

2. Une partie des textes inédits que le premier j'apporte au débat sont extraits des cartulaires de Cluny. M. Auger, docteur en droit, archiviste-paléographe, s'en est servi, me dit-on, dans la thèse qu'il a présentée à l'École des chartes. Je regrette vivement qu'il n'ait pas cru devoir encore publier son travail sur le régime des biens entre époux pendant les périodes mérovingienne et carolingienne. Les succès de l'auteur à l'École de droit et à l'École des chartes promettaient un travail distingué qui, sans aucun doute, eût rendu mes recherches inutiles.

sant dans le même sens sur deux législations différentes, elle a fini par les rapprocher. Cependant si la forme des conventions de mariage est la même pour tous, on trouve encore quelques différences dans le fond du droit. Aussi les époux invoquent-ils au dixième et même au onzième siècle la loi qui les régit. J'ai tort de dire les époux, car c'est la loi du mari, Romain, Franc ou Bourguignon, qui règle les rapports pécuniaires du mariage [1].

Le *sponsalitium* semble réservé aux Romains. Il est inscrit

1. *Cartul. de Saint-Père*, t I, p. 88, an. 987. — Pérard, *Recueil de plusieurs pièces curieuses pour l'hist. de Bourg.*, p. 34. — D. Calmet, *Hist. de Lorraine*, t. III, col. 59; t. IV, p. 524, acte de 1107 ! — Guichenon, *Hist. de la maison de Savoie*, t. II, p. 19. — D. Vaissète, *Hist. du Languedoc*, t. II, n° 311. — Bibl. impér., collect. Moreau, ms. — *Cartulaire de Cluny*, t. I, p. 141, an. 840. « *A Rihell, son épouse*, le mariage célébré, *son époux, Sobbon, dit :* Dono tibi in dotalicio de omnem rem facultatem meam hoc sunt res in edificiis, casis astantibus, casaricis, ortis.,. aurum et argentum, mobile et immobile, omnia et ex omnia, et quod in ipsas res est in Bracosco, in Lopiano, in Nucerias et in Brenode *qui quitvisus sum aut possidere aut inantea conquirere, vel laborare potuerimus.* Dulcissima conjux mea jam superius nominata, in dot...icio *tercia portione tibi dono sicut lex salica commemorat at abendi*, tenendi, donandi, sicut liceat tibi commutandi. » — Tom. III, p. 184, an. 903. « Dulcissima adque amatissima mihi conjugio sociare jussit, proterea, cedo tibi *tercia portione de omnes res facultates* meas quas visus sum abere aut possidere aut, *inantea una cum Deo omnipotentis adjutorio conquirere vel laborare potuero* tam in Lucdunense et in Viennense. Tibi trado perpetualiter ad abendum, vendendum, donandum sicut liceat tibi commutandum, et *sicut lex mea salica commemorat* faciendum et si quis contra... » — T. III, p. 238, an. 909 : *Fulcherius à son épouse bien-aimée Raimodis.* « Superna adjuvante misericordia future prolis intuitu desponso michi *juxta legem meam Romanam...* Et do tibi presentibus propinquis et amicis tuis in sponsalicium..., suit un grand nombre de villages... Actum Avenione civitate, publice. » — T. IV, p. 101, an. 922. Deux chartes. La première est un *sponsalicium* de Constancius à son épouse Teuberge. « Dono in esponsalicio *secundum mea lege Romana* aliquid de res meas, sunt ipsas res in pago Viennense. » La seconde est un *dotalicium* « *dono tibi in dotalicio* de omnem rem facultatem meam de quidquid visus sum abere aut possidere, *aut in antea conquirere vel comparare potuero...*»—T. IV, p. 8, an. 915. *Ermengerius à sa très-chère épouse Donato.* Il lui donne et la doté de partie de ses biens situés au village de Vitry en Mâconnais... « *Secundum lege mea Gonbada in morgengina ad integrum tibi dono ad* abendum et facies quidquid facere volueris in omnibus. Actum Crucilia utrio sancti Maria...,. » Dans un autre acte, constatant le même mariage, à la même date... « Et de alias res meas, quicquid visus sum abere tam de alaudo, tam de conquisto tercie par ad integrum tibi dono in dotalicio isto... » — T. II, p. 161, an. 975. *Contrat de mariage d'Unest et de Saimel* .. « Ego in Dei nomen, Unest in pro amore Dei et parentorum meorum et amicis meis *secundum legem meam Gonbada te sponsavi.* ... proterea dono tibi aliquot de res meas proprias qui sunt sitas..... omnia et omnia, quesitum et inquirendum, cultum et incultum... sponsa mea tibi dono et doto ante diem nubtialem et faciatis post ac die quiquit volueris in omnibus. »

dans le code théodosien et dans le bréviaire d'Alaric; au neuvième, au dixième siècle, il n'est pas encore entré dans les mœurs germaines. Le *sponsalitium* est une donation de biens présents antérieure au mariage [1].

Entre le *sponsalitium* et le *dotalitium*, trois différences : d'abord, le *dotalitium* se constitue au moment même du mariage; ensuite le *dotalitium* est une institution commune à tous les peuples de la Gaule. Le *dotalitium* chrétien a absorbé la *donatio propter nuptias* des Romains et le morgengab des Francs ripuaires. Cette fusion des deux institutions païennes dans une institution chrétienne me semble prouvée pour la *donatio propter nuptias*, par l'absence de la *donatio propter nuptias* dans les actes et les formules du septième au onzième siècle, puis par le retour de la *donatio propter nuptias* et l'absence du *dotalitium* à partir du onzième siècle [2], enfin par le but commun de ces deux donations. Quant au morgengab, il fut de même absorbé par le *dotalitium*. Le morgengab, à l'origine donation volontaire et

1. B. I., coll. Moreau, t. III, p. 238, an. 909; t. IV, p. 101, an. 922. Voy. ci-dessus. — T. VII, p. 14, an. 913. *Aimulfus à Ermengarde*. « Dono tibi in esponsalicio aliquid de creditate mea est ipse creditas in pago Viennense. » — T. VII, p. 92, an. 913. *Rainulfe à Rihell*. « Dono tibi in esponsalicio aliquid de res meas qui sunt in pago Viennense. » — T. XV, p. 119, an. 994. *Contrat de mariage d'Ainon avec Rihell*. « Ego dono tibi aliquid ex rebus meis juris mei que sunt ipsas res..... sub integro tibi dono *in esponsalicio sicut lex romana commemoret*. » — La distinction du *sponsalicium* et du *dotalicium* se maintint longtemps; cependant on trouve des actes où ces donations sont confondues.— T. XI, p. 91, an. 993. *Contrat de mariage de Huidus (Guy) et d'Agiane*. « Douo tibi aliquid de res meas..... et dono de res meas que visus fui abero tercia parte...» Dans le corps de la pièce, l'acte est appelé *dotalicium*, au dos *sponsalitium*. — T. XI, p. 118, an. 973. Même confusion. — Cependant voici des vrais *sponsalitia*. T. XI, p. 152, an. 975. *Contrat de mariage de Dominique avec Leolger*. La future est appelée *sponsa*.... « Et alias res de que abeo in ipsa villa et in villa Masiliaco quesitum et inquirendum medietate tibi dono in dote. » — T. XV, p. 130, an. 995, dans le Mâconnais. *Contrat de mariage d'Uldric et d'Ermengarde*. «Antiqua consuetudine ostendente et lege veteris ac novi Testamenti... per Moysen docente, de conjugio maris ac femine... Pro quo amore et antiquo more dono tibi carissime et amantissime sponse mee Ermengarde per hujus sponcalicii auctoritatem aliquid ex rebus meis... » Est-ce bien un *sponsalitium?* — T. XVIII, p. 93, vers 1007. *Contrat de mariage de Girbert et d'Agia*. « Ego Girbert sponsus tuus dono tibi de res meas qui sunt sitas tibi dono in ea tenore si *eres de nos metipsos advenerit ad illos perveniat, et si non abeamus, dummodo vivimus usum et fructum, pos tuum discessum a propinquos meos perveniat*. » Au dos est écrit *sponsalitium*.

2. D. Vaissète, *Hist. du Languedoc*, t. II, preuves, n° 342. « Donamus tibi in sponsalitium et donationem propter nuptias. » — T. II, preuves, n° 480.

manuelle, devint obligatoire et fut constaté par écrit. Les clercs ne pouvant qualifier l'acte de *dos*, l'appelèrent *dotalitium*. C'est une autre dot, une seconde dot. Les noms changent, les choses demeurent. Le morgengab était tantôt une donation de biens présents et futurs, tantôt un gain de survie. Le *dotalitium* sera tantôt l'un et tantôt l'autre[1]. J'ai cité un morgengab de l'an 915, qui ressemble beaucoup à un *dotalitium*; mais Baluze nous en a conservé un de 1044, d'une ressemblance plus frappante encore[2]. Je tiens donc pour certain que le *dotalitium* chrétien a absorbé la *donatio propter nuptias* et le morgengab.

1. *Cartul. de Saint-Victor de Marseille*, p. 83, an. 987. « Ego Ildegarde... cedo alodum juris mei quem senior meus supra nominatus *secundum legem salicam et secundum consuetudinem qua viri proprias uxores dotant*, mihi, in proprium concessit. — B. I., coll. Moreau, t. III, p. 192, an. 904. *Contrat de mariage entre Bliegarius et Bertasie*. « Esponsavi tantum per voluntatem Dei vel parentorum nostrorum *juxta legem salicam et consuetudinem per solida et denario* visus fuero esponsare... dono tibi donatum quo in perpetuum do... oc est...« Au dos est écrit *dotalicium Bertasie*.—T. VI, p. 127, an. 939. *Contrat de mariage d'Ariot et d'Aret*. « Dum Deus omnipotens creavit omnia masculum et feminam fecit, eos sicut dicsit in libri Genisis, cot Deus jusit (pour junxit) omo non separet, proterea ego Ariot Aret esponsavi et si Deo placuerit et legitimum cumiugium sociare volo proterea dono tibi curtilo et vinca com casa...Tibi dono in dotis et alias res quiquit visus fui abere oc sunt vineis canpis, pratis, silvis, pascuis, rivis, aquis, aquarumque decursibus omnia et ex omnibus quiquit visus fui abere vel possidere tam de paterno quam de materna me atvenit tercia parte tipi *dono in dotalicium in eo tenore si nati vel procrea fuerin* at illos perveniat et si nati vel procreati non fuerin medietas at eredes meos et alia medietas at eredes tuos perveniat... Actum atrii Sancti-Martini. » On peut remarquer dans cet acte les fiançailles qui précèdent le mariage, la distinction de la dot et du *dotalicium*; la clause relative aux enfants, le lieu où l'acte se passe. — P. 147. On trouve une vente dans laquelle Ariodus et sa femme Arelt se portent acquéreurs. — P. 165. *Contrat de mariage de Costabulus avec Raginbor*, vers 940. « ... De alias res quo at isto curtilo aspiciunt medietatem tam de ereditate quam de conquisto medietate tibi dono... oc sunt vineis, pratis, canpis, silvis, aquis, aquarumquo decursibus omnia ex o. (omnibus) tibi dono in dotis vel in dotalium, et dono tibi servum unum nomine Aricol nomine qui cattivo (captivus?) set mente et corpore sano, in ea tinore si nati vel procreati fuerint at illos perveniat si nati vel procreati non fuerint medietas at heredes meos et alia medietas at eredes tuos perveniant et facias, post unc diem, quiquit facere volueris ..» — T. XVIII, p. 8, an. 1006. *Rainoart à sa future Dara*. « Totum tibi dono et de alias res quo mihi advenit quesitum ad inquirendum *tercia parte tibi dono in ea tenore, si heres de nosmetipsos advenerit*, ad illos perveniat, et si non aheamus, dummodo vivimus usumet fructum post tuum discessum a propincos meos perveniat.» —T. XVIII, p. 4, an. 1006. *Donation à cause de noces de Volfard à Ermengarde.* « Tibi dono in dotis ea tenore dumodo vivis, usum et fructum et pos tuum discessum at propincos meos perveniat. »

2. Baluze, *Capit.*, t. II, col. 1550. « In Dei nomine... scriptum morgincap, qualiter

Le *dotalitium*, qu'il soit constitué par un mari romain ou franc, a toujours le même objet : des biens présents seulement, des acquêts antérieurs au mariage (*de comparato*), ou des acquêts futurs et communs (*quidquid inantea laborare vel conquirere potuerimus* [1]). Dans ce dernier cas, on peut dire qu'il se forme entre le mari et la femme une espèce de société. Les droits de

ego Johannes filius quondam Dominici, dono, trado atque confirmo tibi Miczæ, filiæ quondam Johannis, dilectæ conjugi meæ, *quartam portionem de omnibus rebus proprietatis meæ, quas modo habeo, vel in antea Deo juvante conquirere potero.* »

1. Dom Lobineau, *Preuves de l'Hist. de Bret.*, p. 349, an. 954. « Quapropter Ego Adela res hereditarias mei juris, quas vel a parentibus seu a seniore meo Gaufredo comite adquirere potui.» Marculfe, livr. II, Form. 15.—Appendix ad Marc., Form. 37. *Form. Sirm.*, 14. *Form. Bign.*, 5. *Form. Lindenbr.* 75 à 80.

B. 1., col. Moreau, ms., t. I, p. 49, an. 783. « *Hildegarda...* voluntate et permissu magni imperatoris Caroli partem dotalitii nostri ab ipso piissimo imperatore nobis concessi .. concedimus. »— T. III, p. 109, an. 898. *Contrat de mariage d'Engelard avec sa chère épouse Neutell.* « Dono tibi servos et ancillas is nominibus Martino et muliere sua et infantibus suis tres et Girbergano et infantibus suis duos, una cum peculiarium eorum *cot abent et in antea conquirere et laborare potuerunt* tibi dono, et si cres de nos exit at illos perveniat, et si apsit, pos tuum dicesso medietas at cres tuos alia ad meos reverlat. » — T. III, p. 161, an. 902. « *Donation entre vifs par Eurald au profit de Dendedone :* parce que : bona volencia tua mihi bene servisti... *quilquit conquistum per titulum cartarum abeo vel conquirere potuero* totum ad integrum et dono. » — T. VII, p. 14, an. 943. *Contrat de mariage d'Armulfus et d'Ermengarde.* « Dono tibi in esponsalicio aliquid de ereditate mea est ipsa creditas « in pago Vienense. » Il lui donne le quart. Et dono tibi in dotalicio tertiam partem de aliquid nos visi sumus abere vel acquirere potuerimus ambo et facias de ipsas res quod volueris, *sicut lex mea commendet.* » P. 18, an. 943. *Donation entre vifs par Guillaume et sa femme Gerberge.* « Donamus tibi aliquit de res meas in pago matiscoueme. P. 40, an. 944. *Contr. de mariage d'Adqlardel de Lieudsinde,* dans le Lyonnais. « Dono tibi tercia parte de curtilo qui est situs in pago Lugdunense... Et dono tibi in dotalicio *sicut antiqua consuetudo commemorat,* cessum que in perpetuum Deo propicius esse volo, oc est tercia pars de omnia mea de quiquit visus fui abere vel possidere tam de proprio quam de conquisto vel de conquista vel *de quocumque injenio mihi obvenit, vel in antea auxiliante conquirere vel laborare potuero in omnibus.* »— P. 92, an. 945. *Contrat de mariage de Rainulfe et de Rihell,* qu'il a déjà épousée. 1er acte. Dono tibi *in esponsalicio* aliquit de res meas qui sunt in pago viennense.... 2e acte : Dono tibi *in dotalicio,* de quiquit ego visus sum abere *aut inantea conquirere vel laborare potuerimus.* » — P. 199, an. 949. *Contrat de mariage de Rodolphe et d'Eldegarde.* Il lui donne : « quantum ego visus sum abere qui de genitore meo vel de genetrice mea *sive per conquistas cartarum mihi legibus obvenit et obvenire debet.* » — T. X, p. 71, an. 968. *Contrat de mariage de Gosbert avec Vandalmunt.* « Quapropter ego Gosbertus et *secundum legem meam salicam te sponsavi.* » Il la dote de ses biens propres et du tiers de tous les autres biens. — T. XI, p. 82, an. 973. *Contrat de mariage de Durant avec Ingelburge.* « Oc dono tibi de res meas in pago Cabillonense : oc sunt denariis invalentes solidos XX tali tenore : si

chacun sont déterminés par les conditions du *dotalitium* [1]. La raison qui avait à l'origine fait porter le *dotalitium* sur les acquêts communs fut différente chez les Romains et chez les Francs. Chez les Francs, les acquêts appartenaient au mari, en vertu du *mundium*; chez les Romains, à l'un ou à l'autre époux, selon qu'ils avaient eu pour cause l'argent de l'un ou de l'autre. Le *dotalitium* chez les Francs partait d'une donation; le *dotalitium* chez les Romains ajoutait à l'idée de donation l'idée de société; mais ces différences, qui s'étaient produites dans les premières années du *dotalitium*, me paraissent s'être un peu effacées. Romains et Francs ne cherchent pas les causes d'une institution dont l'usage est universel. D'un commun accord, sous l'impulsion de l'Église, ils constatent dans un acte le droit de la femme aux acquêts futurs et communs; mais notons qu'en dehors de cette société d'acquêts communs, chacun des époux romains, et peut-être même francs, faisait au dixième siècle des acquêts propres [2]. Il y avait donc dans le *dotalitium* société, mais société limitée aux acquêts communs.

de nos nati et procreati fuerint, ad ipsos perveniant; si non fuerint una medietas ad eres tuos, alia appropinquis meis revertat. « Est-ce un *sponsalitium* ou un *dotalitium?* Je l'ignore.

1. C'est ainsi que j'explique les actes suivants, B. imp., col. Moreau, t. VI, p. 6, an. 936. « *Dilecto atque multum amabile seniore meo Ainone igitur ego in Dei nomine Rihell*, uxor vestra.... Dono vobis aliquit de res meas... *Est unus mansus qui nos conquesivimus..., De ipsos mansos la mea medietate tibi dono.* » L'acte a été rédigé à Vienne.—T. II, p. 89, an. 973. *Dominique donne à David, son second mari.* « Quæ de dotalicio meo advenerit, ego et Angelardus senior meus in simul conquesivimus quæsitum et inquirendum. » On voit que le *dotalitium* donnait à la femme un droit sur les acquêts communs. — T. IX, p. 9, *Cart. Maj. de St-Michel de Cuxa* (Roussillon). « *Ego Sernofredus et uxor mea Leudeberge* donatores sumus.. alodem nostrum qui advenit ad me Sernofredo, per comparatione... *et ad me Leudeberga pro ipso decimo.* »

2. Mabillon, de Re dipl., p. 615. *Testament d'Ermengarde* (an. 815), portionem unam *quam cum præfato viro adquisivi.* — Pérard, *Recueil des pièces rel. à la Bourg.*, p. 8, an. 679; p. 29, an. 973. — Baluze. *Capit.*, p. 539, n. 24, an. 793. — *Cart. de Savigny*, t. I. p. 21, an. 827.—Dom. Bouquet, t. X, p. 621. Le roi Robert, en 1030, donne à l'église de Compiègne, de concert avec sa femme Constancia, un bien qu'elle avait acheté, « de auro ò patris sui domo asportato. » — Martène, *Thes. Anecd.*, t. I, p. 129, vers. 998. — *Mémoires de l'Ac. des Insc.*, série des sav., étr. *Charles Bourguign.*, par Garnier, t. II, p. 117, an. 878. « Moyses condavit una cum uxore sua simul consentiente Rammburgis nomine, res proprias sue adquisitionis. » — B. N., col. Doat, ms., an. 989. Testament d'Adalais de Narbonne.

Je citerai encore un acte du *Cartulaire de Saint-Victor de Marseille*, à la date de 1055. C'est une donation par Désiré, sa femme et ses enfants : « Donamus, disent-

La seconde hypothèse est réglée par le capitulaire de 821 : *Volumus* dit Louis le Débonnaire, *ut uxores defunctorum post obitum maritorum tertiam partem contaborationis, quam simul in beneficio contaboraverunt, accipiant, et de his rebus, quas is qui illud beneficium habuit aliunde adduxit vel comparavit, vel ei ab amicis suis conlatum est, has volumus tam ad orphanos defunctorum quam ad uxores eorum pervenire* [1]. » Ce capitulaire contient deux dispositions : dans la première, Louis le Pieux donne à la veuve le tiers des acquêts provenant des bénéfices. Il étend jusqu'à cette sorte d'acquêts la quotité de la loi Ripuaire. Le bénéfice étant une concession viagère et personnelle, on avait dû nécessairement se demander, si les acquêts qui en provenaient ne demeuraient pas la propriété exclusive du bénéficiaire et de ses héritiers. Dans la seconde, l'empereur élève du tiers à la moitié le droit de la femme sur tous les autres acquêts. Ici les lois franques sont modifiées. Mais en changeant l'importance du droit de la femme, en avait-on changé la nature ? Nullement. Le soin que prend Louis le Pieux de spécifier le cas où le droit s'exercera, *post obitum maritorum*, en faveur de qui le droit est consacré, *uxores defunctorum*, le silence que garde l'empereur sur l'hypothèse du prédécès du mari, tout s'accorde pour donner à la femme sur les acquêts un double droit de succession, et nullement un droit de copropriété.

Un texte fort curieux, et peut-être unique, fait allusion à ce

---

ils, Domino Deo, scilicet ipsum mansum quem domnus Raimbaldus archiepiscopus dedit michi Desiderio ad proprium alodem... ea videlicet ratione, ut quandiu vixero, teneam illum post mortem autem meam mulier mea teneat meam partem de ipso manso. Et post mortem mulieris mee, ipsa mea pars et pars mulieris mee sit de sancto Victore jam dicto. » — Cette copropriété de la femme peut s'expliquer par le *dotalitium*, mais plus sûrement encore, dans notre hypothèse, par la qualité de donataire de la femme. « Ea ratione ut..... » Conférez un partage très-intéressant fait par un père et une mère à deux de leurs enfants, sous le nom de *breve divisionalis*. B. I. col. Moreau, ms., t. VII, p 110, ann. 940. — *Cart. de Savigny*, t. I, p. 27, ann. 895; t. I, p. 70, ann. 970.—Dom Calmet, *Hist. de Lorraine*, t. IV, p. 251. ann. 709; p. 536, ann. 950; p. 397, ann. 996. — *Baluze, Capitul. ap. act. veter.*, n. 43, ann. 827. « Trado, cum omnibus quæ habere visus sum vel in antea Deo adjuvante, ibidem parare vel conquirere potuero. » N. 101, ann 873; n. 127, ann. 993. — *Cartul. de Saint-Père de Chartres*, pag. 144, ann. 1680. — Dom Vaissète, t. I, p. 39, n. 18; p. 61, 42-72, 70, 50; t. II, p. 102. « Donation quæ mihi legibus obvenerunt ex parte avunculi mei. » P. 110, n. 101; p. 126, n. 111; p. 131, n. 114.

1. Baluze, cap. de 821, § ix, col. 776.

capitulaire. Emmena donna en ces termes à l'église de Saint-Martin de Savigny : *Ego Emmena cogitans casum humanæ fragilitatis pro remedio senioris mei Hugonis, seu animarum ex quorum partibus mihi hæreditas obvenit, cedo aliquid ex rebus meis, quæ mihi ex legali conquesto advenerunt* [1]. » J'ai longtemps hésité sur cette expression *legalis conquestus*; le langage du dixième siècle n'a pas souvent cette précision éclatante. Je ne crois cependant pas que le rédacteur de l'acte ait confondu *conquestus legalis*, avec *hæreditas legalis* [2]. Notre charte rentre évidemment dans l'hypothèse du capitulaire. Emmena a recueilli, son mari mort, le bénéfice de sa survie, c'est-à-dire la pleine propriété des biens que lui accorde le capitulaire de 821. Ainsi le capitulaire ne fait qu'étendre le gain de survie de la loi ripuaire ; il ne fixe pas le minimum auquel s'élèvera toujours le droit de la femme : il détermine la portion légale que les héritiers du mari doivent délivrer à la veuve dans le cas où le sort des acquêts n'aura pas été réglé dans le *dotalitium*. Cette phrase de la loi ripuaire *si autem ei per seriem scripturarum nihil contulerit* plane encore au-dessus du capitulaire; car si la femme devait avoir forcément le tiers et la moitié des acquêts, qu'il y ait ou qu'il n'y ait pas d'acte, comment expliquer les dotalitia du neuvième et du dixième siècle?

Ces considérations peuvent se résumer en deux mots :

Quand le *dotalitium* traite des acquêts communs, la femme reçoit tantôt la propriété, tantôt l'usufruit d'une part ou de la totalité des acquêts : toute convention de mariage est irrévocable. S'il n'y a point *dotalitium*, et plus tard si le *dotalitium* ne traitait point des acquêts communs, la veuve franque recevait, d'abord par la loi ripuaire ensuite par le capitulaire de 821, un gain de survie légal, en pleine propriété. La veuve romaine n'a nul besoin d'invoquer le capitulaire, puisqu'elle reprend en pleine propriété à la mort du mari ce qu'elle a payé ou reçu : la veuve romaine se présente non pas comme héritière, mais comme propriétaire.

---

1. *Cart. de Savigny*, t. I, p. 94, n. 131.

2. *Cart. de Savigny*, t. I, p. 21, n. 19 : « *Ego Bodo et uxor mea Valla* cedimus atque vendimus quidquid de *genitore meo et de genitrice mea conquisivi*..... ad ipsam casam Dei cedimus atque vendimus. » Acte de 857. — T. I, p. 110, n. 102 : « *Similiter ubicumque ex parentela sua advenit et conquisivit.* » Acte de 970.

IV.

Résumons-nous. La communauté est l'expression d'une situation nouvelle et de l'influence de l'Église. Sous les deux premières races la communauté n'existe pas : mais deux institutions la précèdent et l'annoncent : le *dotalitium* qui a créé dans les mœurs, une sorte de société d'acquêts : le gain de survie des lois barbares qui assure à la veuve franque une part dans les acquêts et les meubles. Le *dotalitium* appartient davantage à l'élément romain ; le gain de survie tout à fait à l'élément germain, et tous les deux, *dotalitium* comme gain de survie, à l'élément chrétien.

SECTION III.

La communauté dans la société féodale.

I.

Tout semblait annoncer l'établissement prochain et définitif de la communauté, l'Église semblait bientôt devoir jouir de son ouvrage, lorsque par un vif retour aux principes germaniques la société féodale se constitua. La féodalité fut moins une révolution dans l'état des personnes qu'une transformation dans la nature des biens. Le fief devint la condition générale de la propriété foncière ; or, la nature du fief était incompatible avec la communauté. Quand le fief était viager, comment le vassal eût-il pu transmettre à la femme un droit de jouissance? Quand il fut héréditaire comment la femme eut-elle pu remplir les devoirs du service militaire? La femme avait été écartée de la terre salique, faute de porter la cuirasse et les armes : elle fut exclue du fief, faute de monter à cheval et de faire la guerre. Les efforts de l'Église, les idées chevaleresques du moyen âge, et très-probablement aussi la renaissance du droit romain relevèrent la condition de la femme. La femme fut appelée à la tenure féodale ; mais qu'importe! L'investiture n'était-elle pas personnelle? Le droit d'acquérir dans une seigneurie n'était-il pas l'objet d'une concession spéciale? Les obstacles naissaient de toutes parts. L'Église en triompha. Ne pouvant attaquer de front la constitution même de la société féodale, elle la mina, en soutenant dans les classes nobles et surtout dans les classes bourgeoises la communauté de tout ce qui n'était pas fief.

Cette lutte entre l'Église représentant les idées chrétiennes, le droit coutumier, et la féodalité représentant les principes germaniques, les traditions aristocratiques, cette lutte est en pleine ardeur à la fin du douzième siècle. Et en effet, tandis que Baudouin, comte de Flandre, et Philippe-Auguste écartent l'un la femme, l'autre les héritiers de la femme des acquêts communs, dans cette même Normandie, où la communauté entre nobles n'existait pas, le pape Urbain III, écrivant en 1185 au chapitre de Lisieux, ordonne que : « *Soluto matrimonio, cogitur vir dotem restituere, et bona dividere, quæ communiter eis obvenerunt.* » Quel trait de lumière, et comme ces décisions contraires émanées à trente ans de distance des chefs de l'Église, et de la féodalité, marquent bien la double marche de la société conjugale ? Ce n'est pas assez. Parcourons la France entière, dans la première moitié du treizième siècle ; voyons en Hainaut, en Flandre, en Artois, en Picardie, en Normandie, en Bretagne, en Anjou, en Touraine, en Poitou, en Languedoc, en Bourgogne, en Champagne, en Auvergne, dans l'Ile-de-France, voyons du nord au midi, de l'est à l'ouest, le régime des acquêts faits durant le mariage, et si nous trouvons tout à la fois des douaires constitués sur des biens propres et sur des acquêts communs, la femme tantôt exclue, tantôt reçue dans le partage des acquêts, la différence entre les acquêts féodaux et les acquêts roturiers, la distinction de la veuve noble et de la veuve bourgeoise, nous aurons justifié l'histoire que nous avons essayé de tracer des origines de la communauté.

I. Hainaut. — La veuve n'a droit qu'à son douaire et aux fruits de la terre pendant l'année du décès. Que la femme ou que le mari meure sans enfants, les fiefs et alleux qui leur viennent de droit héréditaire, retournent dans chaque famille aux parents les plus proches. Les époux ont acheté ensemble un fief ; le mari meurt sans enfants : l'héritier le plus proche prend les charges, et la fidélité du fief. La femme jouira, tant qu'elle vivra, de la moitié des revenus du fief. Si, au contraire, les époux ont acheté un alleu, et que le mari meure sans enfants, la femme jouira, sa vie durant, de tout l'alleu ; mais, après sa mort, l'alleu retournera aux plus proches héritiers du mari.

Ces règles furent établies par Baudouin, comte de Flandre et de Hainaut, de concert avec les plus illustres seigneurs de ce pays, en l'an 1200 [1].

Une charte de 1210, que je crois inédite, nous montre Philippe, marquis de Namur, constituant comme douaire à sa femme, Marie, fille de Philippe-Auguste, le tiers de sa terre, et la moitié de ses acquêts pendant son union avec cette princesse [2].

Ainsi, dans le Hainaut, la propriété des acquêts faits en commun appartenait au mari ; et la femme n'avait sur eux qu'un droit de succession, un usufruit : on pourrait presque dire un autre douaire.

II. FLANDRE. — Le régime de biens entre époux féodaux devait être semblable en Flandre et en Hainaut. Voisins, unis sous la même domination, par des intérêts politiques et commerciaux, ces deux pays subirent, au point de vue du droit féodal, les mêmes influences. Je n'ai rien trouvé de contraire à cette conjecture, dans l'immense recueil de Lemire, dans le supplément de Foppens, dans les preuves de la *Gallia christiana* et de l'*Histoire de Flandre* par M. Warnkœnig, dans les *Histoires de Béthune et de Guines* par Duchesne. J'ai même relevé deux actes dans

1. Martène, *Thes. anecd.*, t. I, p. 769. — Brussel, *Usage des fiefs*, t. II, p. 884. Voyez les art. VI, VII, VIII de l'Établissement de Baudouin, comte de Flandre et de Hainaut, § 12 : « Habetur etiam ad legem ut, si homo et ejus uxor feodum pariter acquisierint et homo absque proprii corporis herede decesserit, feodum illud ad propinquum ipsius hominis heredem statim devenire debet : ita quod heres propinquior illud a domino feodi recipiet, et ei hominium faciet, et munitionem, si qua fuerit habebit, et hominia ad feodum pertinentia. Uxor vero, dum vixerit, medietatem commodorum, et proventuum habebit in illo feodo, absque servitio faciendo et absque justitia domino feodi : heres vero aliam medietatem qui inde servitium et justiciam faciet domino feodi. » — § 13 : « Si homo et femina allodium pariter acquisierint, et decesserit homo sine proprii corporis herede, femina quoad vixerit, totum allodium tenebit. Post decessum vero feminæ, totum allodium ad propinquos viri heredes deveniet. » An. 1200.

2. Arch. Imp., originale, *Trésor des chartes*, Namur, I, 531, n. 1. « Philippus marchio Namurcensis. Noverint universi presentes pariter et futuri quod ego Marie uxori mee nobilissime mulieri, filie karissime domini mei Philippi regis Francorum illustris, Terciam partem totius terre mee dedi in dotalitium et concessi videlicet veterem villam..... Item quicquid in Flandria et in feodo predicti domini mei Philippi regis Francorum habiturus sum in futurum. Item medietatem omniumque mihi per escheantiam vel alio modo quocumque obvenient, et medietatem omniumque ego et predicta uxor mea Maria dum vixerimus pariter acquiremus. Hec supradicta omnia prefate uxori mee Marie ipso die nuptiarum mearum dedi in dotalitium et concessi plenissime in omnibus commodis, omnique proprietate et dominatione..... Actum Valencenis, anno ab Incarnatione Domini millesimo ducentesimo decimo. »

l'inventaire des chartes du comte de Flandre, qui nous montrent le douaire féodal constitué sur les acquêts communs [1].

Il n'est pourtant pas douteux que la communauté ne se soit développée dans les villes riches, industrieuses et commerçantes des Flandres. — « Il existait comme, dit M. Warnkœnig, dans toutes les villes un droit coutumier, dont on ne trouve, dans le treizième siècle, que des traces éparses. Il faudrait faire des recherches très-minutieuses pour découvrir ce qui peut encore être enseveli dans les poussières des archives. » Plaise à Dieu que ce vœu soit promptement réalisé !

III. ARTOIS. — De l'Artois, une décision dans les *Olim* : et les *Coutumes* du quatorzième siècle, publiées par Maillard. — Ces deux documents tendent au même résultat : la prépondérance du mari dans le mariage féodal [2].

IV. PICARDIE. — Je ne m'étendrai pas sur le droit matrimonial de Picardie, parce qu'il se rapproche sensiblement du droit matrimonial de l'Ile-de-France.

La Picardie est un pays de communauté. La charte d'Amiens et Beaumanoir suffisent pour le prouver [3].

Le droit à la moitié des acquêts et des meubles est nettement consacré dans des coutumes du quatorzième siècle [4].

---

1. *Inventaire des comtes de Flandre*, in-4°, par M. de Saint-Genois, p. 3, n. 5; p. 4, n. 8; p. 5, n. 10, an. 1216.

2. *Olim*, t. I, p. 786, ann. 1269. « Ad hoc comes Attrebatensis dicebat, quod cum de puro mobili agcretur, et constante matrimonio inter ipsos, ipse mobilia uxoris suæ distrahere possit, si sibi placeat, et suam de eis penitus facere voluntatem, sibi tenebatur. » — Maillard, *Anciens usages d'Artois*, art. CLXXII : « La femme a droit de douaire sur tous les héritages féodaulx d'acquest ou patrimoniaulx, et sur tous les héritages cottiers desquels son mari durant icelle leur conjonction auroit été saisy. » Quatorzième siècle.

3. *Ord.*, XI, p. 204. — Bouthors, *Cout. loc.*, I, 63. Charte d'Amiens : « Si vir et uxor aliquam possessionem in vita sua acquisierint, et eorum quispiam mortuus fuerit, qui superstes erit, medietatem solus habebit et infantes aliam..... Si contingat mori infantes, qui supervixerit, sive vir sive mulier, quidquid simul possiderunt de conquisitis qui superstes erit, quamdiu vixerit in pace tenebit, nisi in vita premorientis donum vel legatum inde factum fuerit. » *Beaumanoir*, ch. 21, § 2; ch. 14, § 20; ch. 13, § 9.

4. Marnier, *Anc. cout. de Picardie*, quatorzième siècle; Paris, 1840, p. 9, § 9 : « *Des acquestes*. Les acquets appartiennent à l'homme et à la femme..... Toutesfois qu'un hom et une femme acquierent ensanle, tant a le femme comme li hom, et en doit goir après son décès, se elle veut sans empêchement... Item que se li hom et le femme donnent leur acqueste ensanle et soit de fief, il n'ara que un seul hommage... »

Cependant les vieilles traditions féodales se soutiennent et nous trouvons encore, à la fin du quinzième siècle, en pleine vigueur, le principe de la propriété des acquêts féodaux par le mari[1].

Les faits doivent justifier mes conclusions : je renvoie aux preuves.

V. Normandie. — En Normandie comme en Flandre éclate la différence de la veuve noble et de la veuve roturière. Chez les nobles, point de communauté.

A la mort du mari, la femme noble prélève son *maritagium*, c'est-à-dire sa dot ; sa *dotem*, c'est-à-dire son douaire ; enfin les biens qu'elle a pu recueillir *jure hereditario*. Quant aux meubles de son mari, la charte de 1155 en fait, dans le § 9, le gage des créanciers ; dans le § 11, le bénéfice du duc, si le défunt est mort *intestat*. Aux acquêts, la femme n'a aucun droit, ni comme douairière ni comme associée, mais je parle de la femme noble : « *Uxor militis deffuncti non habet portionem nec dotalicium in conquestis immobilibus* » Le manuscrit 1039, B. I., ajoute, *et in mobilibus*. — Le douaire légal de la femme est du tiers des biens que le mari possédait au jour du mariage ; mais la femme doit se contenter du douaire convenu. Le douaire peut porter sur les meubles du mari ; mais si les meubles ne suffisent pas pour atteindre le douaire convenu, les immeubles fournissent le supplé-

— *Anciennes cout. du Ponthieu*, p. 110 : « Se uns homs va morir et sa femme demande le moitié des meubles et des cateulx, li hoirs ne le peut contredire, mais que elle baille bonne seurté des dettes. » — P. 154 : « Saucuns poet douer se femme de s'acqueste qu'il ara faite aussi bien comme de son héritage et des acquestes qu'il feront ensanle. »

1. Bouthors, *Coutumes locales*, t II, p. 333, § 17 : « *Baronnie de Barlin*. Item se deux conjoings acquestent aucun manoirs en ladite seigneurie, l'homme seul est réputé acquesteur. » — T. II, p. 269, § 10 : « *Seigneurie d'Adinfer*. Que si deux conjoings acquestent ensemble aucuns fiefs, s'il ne y a condicion au marché faite, l'homme seul est réputé acquesteur, La femme ne peult avoir que son douaire. »

Je citerai encore, au point de vue général du régime de biens entre époux, les *Recherches sur les comtes de Beaumont*, par M. Douet d'Arcq, *Mém. de la Soc. des antiq. de Picardie*, 1855, p. 49, 50, 65, 66, 72, 82, 92, 111. — B. I., fonds des cart., n. 81, *Cart. de Beaupré*, 4° série, n. 20 ; 7° série, n. 3 ; 8° série, n. 1. — B. I., fonds des cart., r. 19, *Cart. noir de Corbie*, p. 53 v°, 65, 67 v°, 137 v°, 183 v°. — B. I., fonds des cart., n. 22, *Cart. Néhémias de Corbie*, p. 101, 178, 300, 321, Douaires ; 102 et 141, Testaments ; — l'excellent ouvrage de M. Cocheris, *Notices et extraits des manuscrits relatifs à l'histoire de Picardie* ; — enfin les deux volumes publiés par M. Thierry, *Monuments du tiers état*.

ment. Tels sont les principes qui règlent le sort de la veuve noble en Normandie au commencement du treizième siècle [1].

Cependant nous trouvons un arrêt de 1241 qui accorde à la femme la moitié des conquêts faits en bourgage ; la communauté existait donc dans les tenures bourgeoises et roturières [2].

Cette distinction est renouvelée dans un article de l'ancienne coutume, ch. LXI : « L'on doibt scavoir que femme ne peut avoir douaire ni partie en conquest, fors en bourgage où elle aura la moitié. » Nous en prenons acte.

VI. BRETAGNE. — Ni les preuves imprimées de l'histoire de

---

1. Brussel, *Usage des fiefs*, t. II, p. 1047 ; lettres patentes en forme de charte de Henri II, roi d'Angleterre et duc de Normandie, en faveur du clergé, nobles et habitants de Normandie (1155), § 7 : « Vidua post mortem mariti sui statim et sine difficultate habeat maritagium suum et hereditatem suam, nec aliquid pro dote sua vel pro maritagio suo vel pro hereditate sua, quam, hereditatem quam maritus suus et ipsa tenuerunt die obitus mariti sui per XL dies post obitum ipsius..... Iterum de consilio ei assignetur pro dote sua tertia pars totius terre mariti sui que sua fuit in villa sua, nisi fuerit ad ostium Ecclesie. » § 11 : « Item dicimus de illo qui moritur intestatus, si jacuerit in lecto ægritudinis per tres dies, aut quatuor, omnia mobilia ipsius, Domini regis debent esse aut illius in cujus terra est »

Warnkœnig et Stein, *Hist. du droit public et privé de la France*, pièces justific., t. II, p. 72. — *Arreste scaccariorum*, ann. 1208 : « Judicatum quod uxor Roberti de Mesnillis Waco habeat dotem tertium hereditatis quod contingebat viro suo in portione de hereditate patris sui » (il s'agit ici du douaire). — *Statuta et consuetudines*, p. 36, *De dotibus :* « Mulier mortuo marito suo petit dotalicium suum, quando ab hereditate mariti, quando ab extraneo : nec potest petere nisi tertiam partem tenementi de quo maritus suus erat saisitus, quando contraxit cum ea in facie Ecclesie. » — P. 37 : « Si mulier dotata fuerit de mobili, debet habere dotalicium de mobili post mortem mariti sui si mobile sufficit........ Si mobile non sufficit, recurrendum est ad hereditatem.— Mulier non potest petere dotalicium in rebus quas vir suus acquirit, post contractum matrimonium ratione dotalicii. » — *Assise Normannie*, 1231, p. 66, *De dotalicio :* « Uxor militis deffuncti, non habet portionem, nec dotalicium in conquestis immobilibus. » — Voyez encore p. 48, *De maritagio obligato ;* p. 55, *De maritagio encombrato ;* p. 67, *De maritagio vendito.*— Marnier, Caen, 1847, *Établissements et coutumes, assises et arrêts de l'échiquier de Normandie*, p 90, *De doère :* « La fame au chevalier mort n'a pas partie ne doère ès conquest ne ès meubles. » D'après le ms. F 2 de la Bibl. Sainte-Geneviève, et ms. 4631 de la Bibl. imp.

2. *Registrum scaccarii*, ms. bib. de Rouen, Y 9, 90, publié par M. Delisle dans les *Mémoires des antiquaires de Normandie*, t. XVI. — Voyez aussi dans Warnkœnig, t. II, p. 114 : « Judicatum est quod cum duo fratres sunt ad unum et eumdem catallum et aquirant simul, de quibus unus habeat uxorem, uxor illa non habebit nisi de parte hereditatis mariti sui, videlicet tertiam partem de hoc quod est extra borgagium mariti sui et de aquisitione mariti sui in borgagio facta habebit dicta uxor medietatem partis mariti sui. »

Bretagne, ni les premiers volumes de la collection manuscrite des Blancs-Manteaux, ni les fragments du cartulaire de Redon conservés à la Bibliothèque impériale, n'ont pu me donner une idée claire et nette du droit matrimonial breton. « Les Bretons, dit dom Morice, donnaient d'abord à leur femme un trousseau et lui faisaient un présent de noces, *energuerp*. Si une femme renonçait à la succession de son mari, elle avait son trousseau et le présent de noces préférablement à tous les créanciers. Elle avait, outre cela, ce qu'on appelle le douaire breton, c'est-à-dire la jouissance pendant sa vie du tiers des biens de son mari. » Ce douaire portait quelquefois sur les acquêts. Dans un traité de mariage de 1223, Raoul de Fougères donne en dot à sa femme, Isabelle de Craon, *in omnibus aliis terris suis habitis et habendis portionem debitam secundum legem terræ*. Peu à peu, le droit de la femme aux conquêts se consolide, comme nous le montrent des actes de 1273 et de 1283; mais il apparaît comme un autre douaire, et fait souvent l'objet d'une transaction pécuniaire [1].

Je ne sais rien de la communauté dans les classes roturières de la Bretagne.

VII. Anjou, Maine et Touraine. — La femme apporte une dot, le mari donne un douaire. Le douaire s'établit tantôt par

---

1. *Hist. de Bretagne*, édit. de dom Morice, Preuves, p. 1034, ann. 1284; p. 1123, ann. 1297; p. 1168. — *Ord. du duc Jehan*, § xvii, ann. 1301. — *Hist. de Bret.*, éd. dom Lobineau, 1709, Preuves, t. II, col. 125, 245, 251; 217. — *Assises du comte Geffroi*, an. 1185, col. 323 et 324; col. 401, an. 1283. H. de Châtillon « se défendoit de rien donner audit duc Jehan de Bretagne, à cause que ledit feu comte de Blois donnoit tous les ans 1000 l. tournois à faire à sa volonté, outre sa provision suffisante en toutes choses, à ladite Aaliz son épouse, laquelle de plus avoit eu 1500 livres de pecune pour faire son testament, ce qui estoit beaucoup plus que ne valoient les meubles, les debtes acquittées, à raison de quoi ladite Aaliz avoit renoncé à tous les acquels. » — Col. 400, ann. 1273 : « Il est à savoir que par ces dolaerres faisans et otroïans de Jahan e de Pierres nos fiz, icele devant dite Blanche ne puet ne ne porra riens demander ez conquestes que nos avons feites jusqu'à jourd'huy, fors les conquestes qui sont ez terres dessus nommées, lesqueles ele tendra en paz par raison de dolaerre tant cum ele vivra. » — B. I., coll. ms. des Blancs-Manteaux, *Mém. de Bretagne*, t. I, p. 231 v°. — Blanche, duchesse de Bretagne, donne des lettres « qu'en cas qu'elle prist pour son douaire la troisième partie du duché de Bretagne, suivant l'option qui luy est donnée par le traité passé entre elle et son mari le duc, elle ne prétend rien aux acquests faits par le duc avant ce temps, à moins qu'ils ne fussent dans cette troisième partie. » Ann. 1263.

une donation de biens présents [1], tantôt par une donation de biens présents et futurs [2]. Il porte souvent sur les acquêts du mari présents et futurs. Sont-ce les acquêts communs ou les acquêts propres du mari? Je n'ose me prononcer. Il est certain que le mari comme la femme pouvait faire des acquêts propres [3]; il est probable que les acquêts féodaux faits en commun durant le mariage restaient, comme en Normandie, propres au mari. Ce

1. Bibl. imp., col. de dom Housseau, t. II, n. 429, an. 1037.

2. Bibl. imp., cart. de Ph. Aug. 9852, Colbert, p. 160. Guillaume des Roches, sénéchal d'Anjou, donne en 1197, comme douaire ou donation à cause de noces à sa femme Marguerite de Sablé. « *Omnes acquisitiones vel conquestus quos habebam vel habiturus eram*, quocumque modo acquirendi, sive per emptionem, sive per donationem, sive per quemcumque modum ad me pervenerint, tam in redditibus quam in possessionibus tenendas, pacifico et integro cum omnibus pertinenciis suis, toto tempore vite sue. » En 1218, partant pour la croisade contre les Albigeois, Guillaume des Roches, voulut mettre ses affaires en ordre; il pria le roi, qui se trouvait alors à Pont-de-l'Arche de confirmer le douaire qu'il avait fait à sa femme, et le partage qu'il fit de ses biens entre ses enfants. « Cum signo crucis assumpto contra hereticos Albigenses essem in procinctu peregrinationis mee arripiende, de assensu et voluntate uxoris mee Margarite de Sabollo, distribui terras et possessiones meas duabus filiabus meis Johanne primogenite et Clemencie tam de hereditatibus quam de acquisitionibus in hunc modum. Johanna habebit castrum Sabolii... Sita omnia concessi eidem Johanne cum pertinencii suis, salvo jure uxoris mee Margarite que hec omnia, quamdiu vixerit, possidebit. »

3. Bibl. imp., dom Housseau, t. V, n. 2010. *In arch. Eccl. Colleg. S. Maximi Caynonensis.* « Hoc est testamentum Goffredi de Belverio et uxoris ejus Florie... Reliqua vero empta ;et acquisita ubicumque sunt tam mobilia quam immobilia, ego prefatus Goffridus dedi et concessi uxori mee Florie ad voluntatem suam faciendam, et ipsa similiter dedit michi et concessit. » Entre 1188 et 1202.

Bibl. imp., *Cart. de S. Cypr. de Poitiers*, fonds des Cart., n. 103, p. 61 . « Ego in Dei nomine Aldisindis, consentiente jugale meo, vineam meam que est sita in pago Pictavo, et quantumcumque visus sum adhabere, et quod in antea laborare potuero. »

Bibl. imp. dom Housseau, t. II, n. 408, an. 1011. *Cart. Nuchariense*, fol. 23 « Notum sit quod Gausfredus comes et uxor mea Agnes... Monachis apud locum Nuchariensem damus medietatem aque... quam videlicet a quodam milite... precio comparavimus, totum autem precii pondus fuerunt decem libre ex quibus sibi idem Odo septem vendicavit et pro aliis tribus, uxor ejus vestem pelliciam, tantumdem et eo amplius comparatam accepit. »

Bibl. imp. dom Housseau, t. II, n. 434, an. 1037. Transaction entre les religieux de Marmoutiers et Agnès, femme de Ganilon, trésorier. Ganilon appose seulement son seing. N. 474, an. 1013. La comtesse Agnès dit : « Trado quamdam terre proprietatis mee. » N. 500, an. 1047. Don par Agnès à l'abbaye de Vendôme, d'une moitié d'église « quam ipsa comparavit a quodam milite. » N. 584, an. 1058. « Ego Gosfredus comes atque Agnes comitissa tradimus... illam partem thelonei totam quam ego Agnes cum sancto Florentio hactenus partiebar. » T. VI, n. 2075, après 1223. Donation : « Si maritus meus vir nobilis Galterius, dominus de Avenis, comes Blesensis, hanc donatio-

point est douteux. Les meubles sont le gage des dettes. Si la femme veut avoir des meubles, elle prendra part aux dettes [1].

On peut attribuer les faibles progrès de la communauté dans cette partie de la France à la prépondérance des principes aristocratiques et aux rapports politiques de l'Anjou avec la Bretagne et la Normandie. La réunion de l'Anjou au domaine de la couronne, et surtout les nécessités sociales qui poussaient les classes inférieures dans l'association, combattirent ces tendances et en triomphèrent. La communauté est consacrée dans les établissements de saint Louis, sous la forme féodale du préciput immobilier [2].

VIII. Poitou [3]. — Le droit du Poitou se rapproche en beaucoup de points du droit de la Touraine et de l'Anjou : la dot [4], le douaire, les acquêts, les meubles propres [5]. Les coutumes de

nem meam confirmare voluerit vel casu quocumque non confirmaverit, volo plano et precise precipio... hec donatio mea perpetuam obtineat firmitatem. »

1. Bibl. Imp., dom Housseau, t. VI, n. 2123, *Ex. archiv. Ab. Claritatis*, an. 1200. « Ego Bartholomeus miles de Plesselo notum facio quod ego testamentum subscriptum feci... In primis accipio pro emendis et elemosinis meis faciendis et debitis meis solvendis, omnia mobilia mea et quingentas libras turonenses, percipiendas in redditibus et proventibus totius terre mee ubicumque sit salva tamen dote uxoris mee; quod si forte ipsa voluerit habere medietatem mobilium, solvat medietatem meorum debitorum. »

2. *Établis. de St-Louis*, chap. cxxxvi; et plus tard. *Coutume d'Anjou*, art. 283. Voyez aussi : *Anciens usages inédits d'Anjou*, publiés par Marnier, 1853, in-8°, p. 6, § 28. « Il est d'usage et droit entre home et sa feme que qui plus vit, plus tient : et tient les achaz et les conquestes. Et fera cil qui plus vit de sa partie sa volenté, l'autre partie emprès sa mort reviendra au lignage au mort, se l'en ne peut trover et montrer don où aumosne que il en feit. »

3. Les sources diplomatiques de l'histoire du Poitou sont réunies à Poitiers dans la *Collection de D. Fonteneau*. La collection Moreau renferme un assez grand nombre d'actes que D. Fonteneau avait envoyés au cabinet des chartes : ces pièces ne me donnaient aucune notion désirée. Heureusement M. Redet, archiviste à Poitiers, dont le mérite égale l'obligeance, a dressé une excellente *Table des manuscrits de D. Fonteneau*. Dès lors il m'était facile de faire un bon choix ; et, grâce à l'entremise de M. Redet, j'ai pu compléter mes recherches par quelques preuves inédites.

On peut encore consulter : B. I., supplément, Fr. 441. *Ce livre est des coutumes de Poitou*, XVe siècle, p. 60. « Le mary et la femme de ce que la bénisson des nopces est faicte, font compaignie et communaulté de biens meubles, et aussi font compaignie d'acquestz faiz durant le mariage. »

4. D. Font., t. XXII, p. 323, an. 1273. O. ab. de Noaillé. *Testament de Guillaume de la Vergne*. « Hanc assignacionem el facio ea ratione quod pater illius dedit michi cum ea in maritagio quinquies centum libras de quibus promisi et tenebar emere triginta libras redditus ad vitam dicte uxoris mee tum habendas... »

5. D. Font., t. V, p. 425, an. 1202, *Ab. de la Colombe. Testament d'Aliénor.*

Charroux, rédigées vers 1247, n'accordent le douaire qu'à la veuve noble [1] ; la première rédaction de la coutume générale du Poitou en a fourni plusieurs autres exemples. Je suis porté à croire que la communauté s'est développée dans les classes roturières, comme compensation du douaire, et là où le douaire leur était refusé. Dans les classes nobles, la communauté est définitivement établie à la fin du treizième siècle. La forme féodale l'emporte comme dans l'Anjou. Le préciput mobilier et immobilier est consacré par la coutume [2].

IX. ILE-DE-FRANCE. — L'Ile-de-France nous fournit deux textes qui expliquent assez bien la nature vague du droit de la femme sur les conquêts au douzième siècle. Après avoir ordonné le retour du *dotalitium* ou de l'*hereditas* aux proches du mari ou aux proches de la femme, dans le cas où l'un ou l'autre viendrait à mourir sans enfants, la charte de Laon (1128) porte : « *Si vero nec vir nec mulier hereditates habuerint, sed de merci-*

« ... Quos de omnibus mobilibus meis et de tota hereditate mea sazio. » — D. Font., t. XVI, p. 221, an. 1275. *Ab. de S. Maixent. Don mutuel.* Le mari et la femme se donnent tour à tour : « Tertiam partem hereditatis mee, ubicumque sit, et quocumque nomine seu genere censeatur, et omnes cobrancias factas et faciendas constante matrimonio inter me et dictum Guillotum virum meum et quocumque tempore ante dictum matrimonium, et medietatem omnium bonorum meorum nobilium habendam... volentes et concedentes quod debita omnia communia inter nos persolvantur creditoribus nostris, post decessum alterius nostri primi decedentis super medietate residua bonorum nostrorum mobilium. » — D. F., t. XXII, p. 281, an. 1264. O. *ab. de Noaillé. Testament de Jeanne Marchande.* « Volo quod debita mea que legitimo probari poterunt, integre persolvantur... Item lego decem libras annui redditus percipiendas super omnes cobrantias meas, et super omnia alia bona mea, si dicte conqueste non sufficerent.»

1. *Mém. de la Soc. des antiq. de l'Ouest*, 1842, t. IX, p. 453. — *Cout. de Charroux*, vers 1247, § 17. « Si il (le gentilhomme) muriet avant lleuz, o la ora son mariage, et lo ters de la rente à son mari et son herbergement par osclo à sa vita tant seulement. »

2. D. Font., tom. VIII, p. 41, an. 1301. *Traité en la court de Gui, comte de Thouars.* « Sachent tos que comme contens fust esmous en nostro cort, Guy, vicomte de Thoars, entre Johanne, fame jadis feu Johan Gotedor, chevalier, d'une partie, et Aymeri Moreau, son fils clert, d'autre partie, sur ceu que la dite Johanne demandoit à l'autre tos les conqués qui avoiet été fais et acquis durant le mariage de la dite Johanne et d'au dit feu chevalier, et encore demandoit à l'autre son doayre secont la costume en totes les autres choses que lis diz feu chevalier haveit et teneit au temps que il viveit ; et encores demandeit ladite Johanne tos les beans mobles que li diz feu chevalier haveit au temps de sa mort, à faire sa volonté secont la costume do pais. » Le fils de Jeanne avoue l'usage. Transaction. — Cependant, D. F., t. V, p. 423, an. 1260. *Testament d'Audebert de la Trémoille.* « Quito domine Hermine uxori mee domum meam de Rupabion, et mobilia pertinentia ad domum, ultra portionem, que debet et accidere.»

moniis questum facientes substantia ampliata fuerit, et heredes non habuerint, altero autem mortuo, alteri tota substantia manebit [1]. » Ainsi la jouissance de la totalité des acquêts par le dernier survivant est subordonnée à cette double condition, qu'il n'y aura point d'enfant, et surtout qu'il n'y aura ni *dotalitium*, ni *maritagium*, ni *hereditas*. Elle est pour le mari la compensation de la dot, pour la femme la compensation du douaire. Cette interprétation s'accorde avec un texte de 1193, qui nous montre encore une fois le douaire constitué sur les acquêts [2]. Si l'on veut combiner cette charte de Guillaume de Garlande (1193), celles de Guillaume des Roches (1197) et celle de Philippe de Namur en 1210, on demeurera convaincu de l'incertitude qui planait sur le droit de la femme à cette époque, et de la persistance du douaire constitué sur les acquêts.

Que les parties règlent à leur gré leurs conventions de mariage, soit; mais que décider quand elles ont gardé le silence? Que décider au sujet du douaire, au sujet des acquêts?

Beaumanoir nous dit que Philippe-Auguste créa par ordonnance un douaire légal, et le fixa à la moitié de ce que *li hons a au jor qu'il espouse*. Comme cette ordonnance ne nous est parvenue que par un fragment et sous une autre date, on l'a contestée. Je la tiens néanmoins pour certaine. Laurière croit qu'elle fut rendue en 1214, et M. Beugnot, sans nous dire pourquoi, en 1219. M. Beugnot ajoute que le fragment rapporté par Laurière est un article de l'établissement sur les douaires [3]. Cette

---

1. *Ord.* XI, p. 186. On lit à la suite : « Si autem propinquos non habuerint, altero autem mortuo, alteri tota substantia remanebit : si autem propinquos non habuerint due partes substantie pro animabus eorum in elemosynam dabunt, tertia vero ad muros civitatis edificandos expendetur. » — Le § 13 de la charte de 1138 se trouve reproduit dans le § 22 de la charte de 1184, accordée par Ph. Auguste à diverses villes du Laonnois ; seulement, à cette dernière phrase on a substitué cette autre : « Quod si uterque obierit, si propinquos in potestate habuerint, quantum voluerint de substantia sua pro animabus suis in elemosynam dabunt, et reliquum propinquis eorum remanebit. »

2. Martène, *Ampl. coll.*, t. I, col. 1003. Guillaume de Garlande donne en *dotalitium* à son épouse, Alaïde de Châtillon, « medietatem acquisitionis sue quocumque modo acquirat et medietatem omnium rerum que ei accident, quocumque modo accidant. »

3. Beaumanoir, éd. Beugnot, ch. XIII, § 13, t. I, p. 216, note. — Voyez *Ordonn.*, t. I, p. 46. — M. Léopold Delisle, dans son *Catalogue des actes de Ph. Auguste*, n. 1485 et 1917, et p. 338, note, croit devoir, à l'exemple de Laurière, maintenir l'éta-

conjecture me paraît fondée. La date de 1214 n'est pas affirmée par Beaumanoir : « Si commencha par l'establissement du bon roi Phelippe, roi de France, liquels régnoit en l'an mil deux cens et quatorze. » Ne semble-t-il pas que Beaumanoir hésite, et ces mots *liquels régnoit* ne doivent-ils pas se traduire par environ 1214? Or, de 1214 à 1219, il n'y a pas loin. D'autre part, Philippe-Auguste, en faisant porter le douaire légal sur les propres, livrait les acquêts aux hasards de la coutume. La coutume considérait généralement les acquêts comme la propriété du mari ; mais la coutume aussi restreignait cette propriété au profit des enfants et de la femme. Les droits de la femme et des enfants variaient de nature et d'étendue, si brusquement et si souvent, une réglementation générale eût été si contraire au principe de la libre disposition des acquêts, qu'il ne pouvait entrer dans l'esprit du roi de ramener toute cette matière à des règles uniformes. Cependant il y avait une question que le roi ne pouvait pas ne pas trancher : c'était de savoir si cette succession anormale des acquêts s'arrêtait à la femme et aux enfants. Oui, répondit le roi. « Si la femme meurt sans héritiers, ses parents ne viendront pas aux conquêts meubles ou immeubles faits pendant le mariage. » En gardant le silence, Philippe-Auguste eût porté atteinte à la propriété du mari sur les acquêts ; il eût cédé aux prétentions, aux empiétements où l'opinion publique entraînait les héritiers de la femme. C'est pour conserver à la puissance maritale toute sa force, aux acquêts leur caractère et leur organisation propre, que le roi dut insérer dans son Établissement le fragment qui seul a survécu.

Contre ceux qui soutiennent les origines purement germaniques de la communauté, la décision de Philippe-Auguste fournit un argument sérieux ; aussi a-t-on voulu restreindre l'exercice de cette décision à la province de Normandie. On s'est appuyé sur le lieu où elle avait été rendue. Raison frivole ! Les chartes de Guillaume des Roches, sénéchal d'Anjou, ne sont-elles pas datées de Pont-de-l'Arche? Les ordonnances de nos rois, datées de Paris, n'ont-elles force exécutoire qu'à Paris? Enfin, et ceci est une raison décisive, rien dans les chartes que nous allons

blissement du douaire à 1214, et la disposition sur les acquêts à 1219. Malgré le respect que m'inspire l'opinion d'un savant aussi éminent que M. Delisle, j'attendrai des preuves nouvelles pour abandonner la conjecture de M. Beugnot.

citer, ne s'oppose à l'autorité générale du fragment : *De participatione acquisitorum inter virum et mulierem* [1].

Je crois donc pouvoir établir dans ces limites le régime de biens entre époux, au temps de Philippe-Auguste et de saint Louis, c'est-à dire avant Beaumanoir :

1° La femme apportait à son mari son *maritagium*. Les revenus du *maritagium* étaient consacrés aux charges du ménage. A défaut d'enfants, il retournait, avec les successions que la femme avait recueillies, aux parents de la femme défunte [2].

2° Le mari constituait un douaire sur ses biens. Liberté entière était laissée aux parties pour la constitution du douaire. Le *dotalitium* pouvait porter sur les biens propres du mari comme sur les acquêts. Cependant depuis Philippe-Auguste, à défaut de douaire conventionnel, la femme emporte en douaire la moitié des biens que le mari possèdait au jour du mariage [3].

3° Le mari et la femme ont chacun leurs biens propres. Ils peuvent donc faire des acquêts qui leur soient propres [4].

4° Les conquêts immeubles faits pendant le mariage par les deux époux sont soumis à des règles spéciales. Pendant le mariage, le mari peut en disposer de la manière la plus absolue. Après le mariage, il faut distinguer.

Le mari meurt laissant des enfants, les enfants et la femme partagent le conquêt [5].

1. B. I., *Cart. de Ph. Aug.*, 9852-3, p. 243. « De participatione acquisitorum inter virum et mulierem. Philippus rex statuit apud Pontem Archie, anno Domini millesimo ducentesimo decimo nono ; mense Julio. De viro et muliere matrimonio conjunctis. Si mulier sine herede decesserit, parentes ipsius mulieris non participabunt cum marito suo in hiis que ipsa et maritus ejus simul acquisierunt dum ipsa viveret in mobilibus nec in tenementis : immo quiete remanebunt marito ipsius mulieris salvis racionabilibus legatis ipsius mulieris : parentibus vero mulieris accidet, id quod ipsa secum attulit in matrimonium, salvo legato suo quod ipsa potuit facere per jus. »

2. *Ord.* XI, p. 186. *Charte de Laon* (1128).

3. B. imp., ms. lat. 5413, *Cart. de S. Magl. de Paris*, p. 24. Acte de 1197. — Martène, *Amp. col.*, t. I, col. 1003. Acte de 1193. — Martène, *Amp. col.*, t. I, col. 1051. Acte de 1205. — Cf. Beaumanoir, ch. XIII, § 12. — *Olim*, t. I, p. 735, ann. 1268.

4. Arch. de l'Emp., *Cart. de S. Germain des Prés*, LL. 1020, p. 27 v°. « Notum esse volumus quod Jaquelina uxor Odonis de sancto Mederico dedit et concessit ecclesie sancti Germani de Pratis in elemosynam assensu et voluntate prædicto Odonis mariti sui, medietatem terre quam emerunt a Federico (1199). » — Bibl. Imp , fonds des cart., 100. *Cart. de S. Médard de Soissons*, f. 142 v° : « Hannidis relicta Roberti de Molendinis dedit omnia sua mobilia... et acquestus que habet, et acquirebit ipsa vivente (1203). — Cf. Beaumanoir, ch. XII, § 10.

5. *Ord.* XI, p. 186, *Ch. de Laon.* — Arch. de l'Emp., 1157. *Cartulaire blanc*

Le mari meurt sans enfants, la femme a la jouissance de tout le conquêt. Une moitié reste aux héritiers du mari[1].

La femme meurt laissant des enfants, les enfants ont droit à la moitié des conquêts[2].

La femme meurt sans enfants, le mari hérite de tout le conquêt, non-seulement en usufruit, mais en pleine propriété[3].

J'avais donc bien raison de dire que les conquêts formaient une succession particulière, où les premiers appelés sont les enfants, les seconds le mari ou la femme, à l'exclusion des parents de la femme, qui recueillent, il est vrai, son *maritagium* et son *hereditas*. Cette espèce de succession est désignée par une expression nouvelle, *ratione conquestus*[4].

5° Quant aux meubles, ils sont affectés par leur nature au payement des dettes du mari[5]. Le *maritagium* a pu comprendre des meubles propres, comme la femme peut contracter des dettes personnelles. Si la femme veut avoir sa part des meubles qui n'ont pas été déclarés propres, elle prendra part aux dettes.

de Saint-Denis, t. I, p. 102, ann. 1250 : « Quo omnia dicti Eugenius et Avelina ejus uxor acquisierunt insimul constante matrimonio inter ipsos prout asseruerunt coram nobis, post decessum ipsorum Eugenii et Aveline quieto et pacifico in perpetuum possidendam : salva tamen integro alia medietate dicte Aveline in domibus, granchia et jardino supradictis de qua sua medietate dicta Avelina poterit disponere per voluntatem suam et salvo etiam eidem Aveline usufructu in alia medietate dicti Eugenii elemosinata dicte Ecclesie quamdiu ipsa vivet. »

1. Voyez la charte de 1250 tirée du *Cart. blanc de Saint-Denis*, et cette autre de 1240 tirée du même cartulaire, p. 102, *Donation par Pierre Buhors de S. Denys et son épouse Béatrix :* « Quorum omnium totum conquestum et quintum totius hereditatis dicti Petrus et Beatrix dederunt et concesserunt in puram et perpetuam elemosinam ecclesie Beati Dionysii per donationem inter viros, salvo tamen et retento sibi et eorum alteri qui supervixerit in prædictis quinto et conquestu quoad vixerint usufructu. » — Et la charte de Laon (1128).

2. *Olim*, t. III, p. 1176, an. 1317. — T. II, p. 474, an. 1304.

3. *Décision de Ph. Auguste*, 1219, déjà citée.

4. Cette expression de *ratio conquestus* est d'usage dans l'Ile-de-France; je ne l'ai trouvée que rarement dans les autres provinces. *Cart. de S. Médard* déjà cité, p. 9, acte de 1230; p. 11, 1220; p. 12, 1251; p. 25, 1238; p. 34, 1248; p. 145, 1260. — *Cart. de S. Germain des Prés*, p. 65 v°, acte de 1262; p. 67, 1258 : « Jure hereditario, ratione dotalitii, dotis, conquestus, aut alio quoque jure. » — *Cart. blanc de S. Denis*, t. I, p. 88 v°, 1240; p. 237, 1260. — *Olim*, t. I, p. 565, 1263.

5. *Olim*, t. II, p. 240, 1284 : « Relicta Bouchardi de Monte Morenciaco... dicens et allegans consuetudinem Francie notariam et approbatam talem esse quod ex quo renunciabat, parti dictorum mobilium et ballo filii sui predicti, non tenebatur, nec racione dotalicii sui, nec racione sui hereditagii ad solvendum aliquid de debitis que ipsa

X. Champagne. — La Champagne attend encore son historien. C'est dans les cartulaires qu'il nous faut aller chercher quelques notions imparfaites.

De 1023, un douaire constitué en biens présents [1]; de 1147, un testament où le droit de la femme à la jouissance des conquêts est assimilé à celui des enfants, et considéré comme un droit successoral. Voilà un fait bien curieux et qui fortifie singulièrement notre système sur l'origine et la nature du droit de la femme noble aux conquêts immobiliers [2].

Les cartulaires dits de Champagne nous offrent les principes du droit coutumier sur le douaire et le *maritagium* [3]. Le mari, la femme pouvaient faire des acquêts qui leur fussent propres. Ainsi les concessions féodales sont faites par les seigneurs suzerains, tantôt au mari, tantôt à la femme, mais pas forcément à l'un et à l'autre [4]. *Quid* des acquêts communs et immobiliers? La femme y a un droit. Ce droit a toutes les apparences d'un droit successoral. La femme se trouve héritière de son mari décédé, et pourtant propriétaire de sa part dans les conquêts. Souvent ce droit se convertit comme le douaire en une rente, et nous avons un exemple de ce droit subordonné à la condition que la femme ne se

et ejus maritus debebant, tempore quo decessit, quare petebat super hujusmodi debitis se absolvi et jus super hoc sibi reddi. » — Voyez Arch. de l'Emp., J. 726, n° 38, le testament de Felipa, femme de Pierre de la Broute, chambellan du roi.

Je joins ici un acte curieux tiré des Archives de l'abbaye de Saint-Crépin près Soissons, B. I., coll. Moreau, I. 76, p. 193, ann. 1170. La pièce commence par une profession de foi pleine de sentiments pieux : « ... Karissima mea Matelina in donationem propter nuptias prout habet usus sancte Ecclesie tibi concedo terram quam modo tenens sum... do tibi meam Suessionis domum... et omnium acquisitionum nostrorum dimidietatem. »

1. Martène, *Thes. Anecdot.*, t. I, col. 141. *Contrat de mariage de Raynard II, comte de Sens.*

2. Martène, *Thes. Anecdot.*, t. I, col. 402. *Acte testamentaire d'Hugues de Til.* « Protestatus est etiam se multa alia ab Hugone Saget, laudante uxore sua Amelina et liberis eorum, acquisivisse, et post acquisitionem usque ad diem ipsam quiete possedisse. Hæc omnia supra scripta præter Bolum, protestatus est se taliter adquisisse quod uxori suæ Saræ, quæ præsens erat et liberis quos ex ea genuerat, *hereditario jure* possidenda juste dimittere poterat et dimittebat. »

3. Bibl. Imp. *Cart. de Champ.*, fonds latin, 5992, p. 44, 239, 284, 296, 297, 300, 314, 315, 319, 346 verso. — *Cart. de Champ.*, fonds latin, 5903, p. 34 verso; 147, 156, 170, 178. — *Cinq cens de Colbert.* Copie du *Liber principum*, n. 56, p. 8, 19, 41, 108.

4. Bibl. imp. *Cartul. de Ch.*, 5992, p. 4, 98, 99, 52, 236. — *Cartul. de Ch.*, 5993, p. 36.

remariera pas... Cette restriction montre l'incertitude qui planait sur le caractère du droit de la veuve noble [1].

Les meubles sont le gage des dettes.

On trouve dans les coutumes de Reims au treizième siècle [2]
deux dispositions qui semblent contradictoires : l'une qui permet
au mari de constituer le douaire de la femme sur les acquêts
communs ; l'autre qui donne à la veuve la moitié des acquêts
communs. Distinguons : celle-ci vise le cas où les parties ont
réglé d'avance le sort de leurs futurs acquêts, celle-là le cas où
elles ne l'ont pas réglé. Il résulte de ce rapprochement que le
droit de la femme, quand les parties se taisent, doit avoir le caractère de ce droit quand les parties parlent. Or le douaire sur
les acquêts communs est un droit successoral ; donc le droit de
la veuve noble aux acquêts communs, conserve les allures d'un
droit successoral.

[1]. Bibl. imp. *Cinq cens de Colbert*, n. 56, p. 108. « Marguerite, par la grâce de Dieu,
reine de Navarre, de Champaigne et de Brie, comtesse Palatzine ... sachent tuit ... que
nos avons nostre doaire, c'est à savoir Espernay, Vertus ... Et nos aurons tous nos conques, que nous avons fais jusque notre sire, li roi de Navarre fu mort. Et par les autres conques que entre nos et nostre signor le Roy fismes ensemble, nos aurons mil livres de terre qui nos seront assises ensemble a regart des prudommes à Provins, en
blez et en deniers desquex mil livres de terre nos porrons donner et faire nostre volenté
où en aumosne ou en autre chose jusqu'à cent livres et plus non, et auront tous les
moibles de la terre de Champagne et do Brie, soit en detes ou en autres choses qui sont
et ont esté jusqu'à jourduy. An 1256, p. 114 verso. Cette même année 1256 Marguerite octroie à son fils qu'elle perdra les mille livres de terre acceptées pour ses acquêts,
le jour où elle so remariera. » On a dû remarquer que ces mille livres n'étaient qu'un
usufruit, puisqu'elle n'avait le droit d'en disposer que jusqu'à concurrence de 100 livres. N'avais-je pas raison de dire que la part de la femme noble dans les conquêts
est comme un autre douaire ? Voici un second texte, d'où l'on peut conclure, par un argument *a contrario*, que les acquêts communs appartenaient au mari. *Cart. de Ch.*,
5992, p. 15, an 1221 : « Ita tamen quod prædicte B. comitissa libere ac pacifice sine
contradictione ... teneret et possideret quamdiu viveret, totum doarium suum cum
omnibus pertinenciis sicut et factum fuit a comite Theobaldo quondam marito suo et
insuper omnes conquestus suos qui post mortem mariti obvenerunt vel obvenire possunt competere mulieri de jure consuetudinario sive scripto. »

[2]. *Monuments inédits de l'Hist. de France*, Arch. leg. de Rheims, 1re part., t. I,
p. 143, Cout. du treizième siècle, § 63. « Si la femme muert où li Barons, cil qui sor-
vivera aura la moitié de toutes les aquestes, que il ont ensamble aquises, et la moitié de
tous les muebles a faire chascun à sa volouté. » T. III, p. 165, Cout. du treizième siècle,
§ 14 : « De Reklef, cascuns poet douer sa femme de s'aqueste qu'il ara faite aussi bien
comme de son héritage et des acquestes qu'il feront ensanle. » Giraud, *Hist. du droit
français*, t. II, p. 418, Coutume de Rheims (1250?) « Li ons tient tous les acques qu'il
fait entre lui et sa feme toute sa vie. »

XI. Lorraine. — Au point de vue féodal, les provinces de Champagne, de Lorraine et de Bourgogne étaient soumises aux mêmes conditions juridiques. On peut s'en assurer en parcourant plusieurs actes que j'ai recueillis dans l'*Histoire de Lorraine* par dom Calmet[1]. Je n'ai rien pu me procurer de net sur le régime de biens entre époux roturiers.

XII. Bourgogne. — Ce que j'ai dit de la Champagne, je le dis aussi de la Bourgogne. La double origine de la communauté s'y révèle d'une manière encore plus éclatante. Non-seulement à la fin du treizième siècle nous voyons, entre la veuve féodale et ses enfants, naître des difficultés sur le droit aux conquêts[2], dif-

1. *Histoire de Lorraine*, par D. Calmet, t. IV, 2ᵉ part., p. 417, a. 1206; p. 425, a. 1214; p. 429, a. 1220; p. 427, a. 1225; p. 428, a. 1226; p. 457, a. 1241; p. 462, a. 1216; p. 476, a. 1255; p. 524, a. 1282. — Martène, *Thes. anecd.*, t. 1, p. 904.

2. D. Plancher, *Hist. de Bourgogne*, Preuves, t. II, n. 77, p. 37. *Testament d'Hugues IV*, an. 1272. Il ne laisse à sa veuve, Béatrix, que son douaire. Il dispose « de bonis meis hereditariis et acquisitis. Item volo quod Beatrix uxor mea carissima, sit contenta donatione propter nuptias seu dotalitio quæ sibi assignavi, quando contraxi matrimonium cum eadem. » Comme Hugues avait fait des acquisitions considérables (D. Plancher, liv. VIII, § 56, p. 17), Béatrix, en 1273, réclama son douaire et ses conquêts (Preuves, t. II, p. 37, n. 79). « Nos disiens que les terres etoient conquises de nostre chier seigneur Hugon, ce en arriere duc de Bourgoigne, ou tens que no essiens sa fame, en tele maniere nos en deviens avoir la moitié par raison de conquests. » Une transaction eut lieu, et Béatrix, pour avoir son douaire, fut obligée d'abandonner la moitié des conquêts. Le testament du duc Hugues fut exécuté; mais Béatrix se vengea en faisant valoir tous ses droits, et en se faisant rembourser un prêt qu'elle avait fait à son mari. La séparation des biens des époux féodaux est, malgré ce droit de conquêts, nettement formulée dans la Bourgogne du treizième siècle. Voy. aussi D. Plancher, t. I, p. 58, n. 87; p. 40, n. 58. — Pérard, p. 325, 439, 444. — Je citerai à cette occasion un traité de mariage de 1302. (D. Plancher, tom. II. p. 110, n. 175.) Il y est convenu que les acquêts faits avec le *maritagium* ou l'argent lui-même resteraient propres et reviendraient, à défaut d'hoirs, aux plus proches parents de la femme.

Nous avons vu Béatrix invoquant en vain l'usage général de Bourgogne, et privée, par le testament de son mari, le duc Hugues, de la moitié des conquêts. Nous allons voir, au contraire, la duchesse Agnès les recevoir dans le testament de son époux, Robert, fils de Hugues et de Béatrix « ...Et est ma entencion, dit Robert en 1297, que la moitié de mes acquectz demoroit à ma chere femme, Agnès, duc. de Bourgoingne, paisiblement. » D. Plancher, t. II, p. 82, n. 835. Aussi le fils de Robert et d'Agnès, Huguenin, déclara-t-il, en 1306, que madame la duchesse sa mère « praingne ou non, renonce ou non, aux meuble et aux deittes qui estoient présentes au jour que Mgr le duc son père ala de vie à mort, ait la moitié des acquès faits durant le mariage..... Que ou cas où la dite madame la duchesse renonçoit aux dits meubles et deittes et en tous autres cas, li joel, chevaus, et toutes garnisons que ladite madame la duchesse avoit pour son cors et le gouvernement de son hostel,... demeurant du tout sans rien excepter à madame la duchesse sa mère. » D. Plancher, t. II, p. 124, n. 183. Se peut-il

ficultés qui montrent combien était mal définie la nature de ce droit; mais encore, quoique l'usage général [1] fût le partage des conquêts et des meubles, la veuve à Dijon et dans plusieurs endroits de la Bourgogne était entièrement écartée des conquêts du mari [2].

XIII. AUVERGNE. — Le droit féodal dans toutes les parties de la France repose sur les mêmes bases; aussi ne noterai-je presque rien dans la grande *Histoire de la maison d'Auvergne* de Baluze. La propriété des acquêts communs, qui commença par être l'apanage du mari féodal, flotte encore indécise entre le mari, la femme et les enfants. La distinction des intérêts pécuniaires du mari et des intérêts pécuniaires de la femme est le principe dominant du régime matrimonial [3].

trouver quelque chose de plus clair ? et de la double histoire de Béatrix et d'Agnès, du double testament d'Hugues et de Robert ne résulte-t-il pas que la veuve noble tient le droit aux conquêts de son mari, et qu'elle le revendique, encore à la fin du treizième siècle, en qualité d'héritière ?

1. Pérard, *Anciennes coutumes*, XIII° siècle, p. 361. « Quand li mary mourt, la femme emporte la moitié de ses meubles à toujours mès et la moitié des biens non meubles à sa vie, et s'emporte la moitié des acqués à toujours mès, soient meubles ou non meubles. »—Giraud, *Essai sur l'histoire du droit français*, t. II, p. 268. *De acquestibus*, § 8, avec une rédaction un peu différente.

2. Pérard, p. 358. — Giraud, t. II, p. 268, § 11. — B. I., fonds des cart. 24, *Cout. de Dijon*. Ce manuscrit nous fournit un renseignement précieux. « Se le dit mary ne fait point de douaire de certaine somme de pécune, la femme aura la moictié des biens meubles et non meubles qui demeureront; lesquels biens, elle tiendra à sa vie tant seulement. » Rapprochez cela de la *Coutume de Laon* (1128), qui organise la communauté : « Si nec vir nec mulier hereditates habuerint, » c'est-à-dire, si le mari n'avait point de quoi constituer un douaire.

3. Baluze, *Histoire de la maison d'Auvergne*, p. 93, an. 1201. Renaud, comte de Boulogne, et Ida, sa femme, dotent leur fille Marie du tiers, « totius terræ unde modo saisiti sumus et unde saisiti erimus prædictæ die, et medietatem omnium acquisitorum quæ faciemus ab hac die in antea... » Mais le comte ajoute : « Si vero contingerit me prius mori quam prædictam comitissam uxorem meam, dictus filius domini Regis habebit totam terram quæ ad me spectat, excepto dotalicio quod Yda comitissa uxor mea habebit in medietate terræ quam habeo in terra Domni-Martini. » — Aucune réserve n'est faite pour les acquêts, p. 101, an. 1251. Jeanne de Boulogne lègue à sa mère Mathilde, « integram partem quæ ad me pertinet et ad me devenit ex successione patris mei... de rebus aliis quas carissimus pater meus et dicta Matildis carissima mater mea insimul acquisierunt. » — P. 145, *Testament de* 1311. — P. 315, *Testament de* 1340. — P. 772, *Testament de* 1379. « Nous laissons à Monseigneur le comte de Bouloingne et d'Auvergne tous nos biens meubles et acquêts » (meubles et acquêts propres). — P. 773, an. 1388. Douaire comprenant les acquêts du mari. — *Gallia christiana*, Preuves, t. II, p. 200, acte de 1209. — Sous le titre de *Stile du droit françois*, ancien fonds 9387, la Bibl. Imp. possède un coutumier inédit de l'Auvergne et du Bourbon-

Du centre, passons au midi, et achevons rapidement cette revue juridique de la France du treizième siècle par le Dauphiné, le Languedoc et la Guyenne.

XIV. DAUPHINÉ. — Le droit romain au treizième siècle triomphe en Dauphiné. Que les *Petri exceptiones*[1] soient l'œuvre d'un savant ou d'un praticien, peu importe; cet ouvrage n'en exprime pas moins le côté romain de l'esprit public aux onzième et douzième siècles. Il ne faut donc pas s'étonner si les *Preuves de l'histoire du Dauphiné*, par Valbonais[2], et la collection manuscrite de la Bibliothèque impériale ne contiennent aucune trace de la communauté.

XV. LANGUEDOC. — Les textes abondent : les milliers de chartes publiées par dom Vaissète[3], les *Coutumes du Midi*, par M. Giraud; la collection Doat, à la Bibliothèque impériale[4]; plusieurs cartons aux Archives impériales[5], offrent un ensemble incomparable de ressources authentiques. J'ai dit les origines coutumières de la communauté; j'ai dit comment s'était formée dans le *dotalitium* une société d'acquêts; j'ai dit que cette société

nais (XIVe siècle). On y lit la disposition suivante, qui fait bien voir que le droit de la femme aux conquêts et aux meubles se confond souvent avec le douaire. « Par la coutume du Bourbonoys, le mary et la femme sont communs en biens meubles et conquests, et s'il avient que la femme scurvive au mary, elle aura la moitié des meubles et conquetz a elle et aux siens et aux héritiers qui estoyent au mary par avant le contrast du mariaige... Au regard des biens immeubles situés en Auvergne fauldrait garder la coustume d'Auvergne. Et au dit cas n'aura point la femme de douaire, mais par la dite coutume la femme n'aura nul douaire sur les héritaiges qui sont advenus au mary par escheute collaterale mais tant seulement aux heritaiges qui luy sont advenus par le trespas de son père. »

1. *Petri Except.*, liv. I, ch. 30, 31, 32, 33, 34, 35, 36, 37, 42, 50, 51; l. II, ch. 38; liv. IV, ch. 53, 54, 55.

2. Valbonnais, *Hist. du Dauphiné*. Cf. pourtant p. 69 et 592.

3. Les preuves pour le Languedoc sont si nombreuses que je me borne à choisir dans dom Vaissète les principales. Il sera facile de les parcourir et de vérifier mes conclusions : t. II, n. 311, 325, 342, 377, 385, 386, 388, 411, 445, 480, 481, 500, 501, 535; t. III, n. 8, 14, 34, 82, 156, 159, 178, 197, 208, 273, 371. Je ne cite que les actes du douzième et du treizième siècle. Conférez avec les chartes orig. 15, 19, 23, 33, 35, 37, 50. B. I. Chartes de Colbert. — Narbonne.

4. B. I., collect. Doat, 38, p. 5, acte de 1200. Le futur dit : « Dono tibi in donationem propter nuptias medietatem totius honoris mei, tantum quem modo habeo, vel habere debeo, vel in antea favente Deo te cum adquisciero, exclusis tamen mobilibus in quibus nihil tibi concedo. » Cette rédaction diffère un peu de la rédaction ordinaire des conventions de mariage. Je crois cet acte inédit.

5. Particulièrement Joct, *Hist.*, cart. J, § 20, n. 21, 28, 36, 44, 55; cart. K, 1291, n. 12 et 44.

avait partout fonctionné dans le Nord comme dans le Midi, et plus encore dans le midi de la France. Et cependant quel est le régime des époux en Languedoc au treizième siècle? La séparation du patrimoine de la femme et du patrimoine du mari, la dot, la *donatio propter nuptias*, le régime dotal. C'est que la renaissance du droit écrit avait porté un coup mortel au droit coutumier. Le *dotalitium* ne disparut pas : il se transforma. La *donatio propter nuptias* lui imposa ses règles écrites. Les deux institutions tantôt se confondirent, tantôt vécurent l'une à côté de l'autre : *Ratione dotalitii seu donationis propter nuptias.* L'Église adopta le nouveau droit : elle détruisit elle-même ce qu'elle-même avait créé. Puis la féodalité s'était organisée, et le régime dotal, mieux que la communauté, entrait dans la nature du fief. Bref, je ne dirai pas que la communauté fut anéantie; car la société d'acquêts dans le *dotalitium* n'était pas encore la communauté; mais je dirai que les classes roturières du Midi n'étaient pas travaillées par les mêmes besoins, soumises aux mêmes influences qui développèrent la communauté dans les classes roturières du Centre et du Nord.

XVI. Guyenne. — Rien dans Rymer[1], rien dans les *Preuves de la Gallia christiana*[2].

Je sens mieux que personne l'imperfection du tableau que j'ai tenté d'esquisser. Chaque province mérite une étude spéciale qui rectifie et complète les notions recueillies. Cependant, il faut conclure : et ma conclusion, si toutefois j'ai conquis le droit d'en donner une, ma conclusion, dis-je, est la diversité des origines de la communauté chez les nobles et chez les roturiers.

<h2 style="text-align:center">III.</h2>

La communauté chez les nobles.

Les droits de la veuve noble sont fondés sur les traditions germaniques. La veuve franque et la veuve noble se présentent comme héritières du mari.

Prenons d'abord les conquêts immobiliers.

1. Rymer, t. I, p. 142. Douaire de 12
2. *Gallia christ.*, t. II, p. 269, an. 10

Nous avons vu, pendant la période mérovingienne et carolingienne fonctionner deux institutions, le *dotalitium* et le gain de survie : toutes deux tendaient au même but; toutes deux, quoique dans des situations différentes, créaient au profit de la femme un droit aux acquêts et aux meubles. Le *dotalitium* formait une donation de biens présents et à venir, une donation et une société. La féodalité se constituant, les devoirs du fief s'opposèrent à la donation de biens présents et à la société : l'incertitude de l'avenir à une donation de biens futurs. Le *dotalitium* changea; il devint presque toujours ce qu'il était rarement autrefois, un usufruit. Ce n'est pas qu'au quinzième siècle, les acquêts communs, ne servent encore de fondement au douaire conventionnel. Mais cette combinaison de jour en jour est plus rare. Le *dotalitium*, des acquêts passe aux propres et s'y fixe.

Une telle révolution dans l'objet du *dotalitium* semblait devoir faire perdre à la femme la jouissance des conquêts communs. Il n'en fut rien. Ce que la femme perdit par le *dotalitium*, elle le gagna par le gain de survie : et en effet, dans la grande confusion juridique du onzième siècle, dans cette lutte, dans cette mêlée des principes les plus divers, par l'effort de l'Église et la nécessité de secourir la femme exclue de la succession féodale, le gain de survie triompha. Les Romains, les Francs avaient disparu. Une seule nation était née, la nation féodale, et la nation féodale, qui s'était constituée par un vif retour aux traditions germaniques, adopta sans hésiter, ce qu'elle croyait être le gain de survie des lois barbares. Je dis ce qu'elle croyait être, car on ne s'aperçut pas qu'en cessant d'être légal, en devenant coutumier, le gain de survie avait changé de nature; on ne s'aperçut pas que sous le couvert d'un droit de succession, la femme reçut un droit de copropriété. Cependant ce droit ne s'établit pas sans conteste. La nature féodale des conquêts immobiliers faisait obstacle, et ce fut par des transactions pécuniaires, que dans les mœurs et la législation, la vérité nouvelle que la femme est copropriétaire, se substitua à la fiction que la femme est héritière.

La législation sur les meubles laisse intact le système que je propose. Quand le mari noble survit, il prend les meubles, paye les dettes : qui bail prend, quitte le rend; mais à la femme survivante qui n'a jamais eu de bail, cet axiome ne peut s'appliquer. Elle paye les dettes, car elle succède aux meubles que son mari n'a pas dissipés ou légués. Dans le droit d'accepter la succession mobilière du mari, dans le droit d'y renoncer, n'aperçoit-on pas la marque éclatante que la veuve noble se présente comme héritière [1] ?

On lit dans le coutumier de Charles VI [2] que le droit de renoncer a été créé pour les femmes nobles à l'époque des croisades. Il est certain que les conciles, les ordonnances de nos rois, les bulles pontificales [3] couvrirent d'une protection permanente les biens des croisés absents. Mais du privilége de renoncer, aucun texte contemporain ne parle. L'auteur du coutumier n'a d'autorité que pour les choses de son temps, et jusqu'à preuve contraire, il est permis de révoquer en doute l'authenticité du fait qu'il avance.

J'ai rattaché au gain de survie des lois barbares l'origine du droit de renoncer, et j'ai dit comment à cette époque, la femme pouvait renoncer aux conquêts immeubles et aux meubles, réunis sous le *mundium* du mari. Qu'il me soit permis de faire ici une remarque nouvelle : pourquoi Beaumanoir, les *Établissements* de Saint-Louis, les *Olim*, Bouteiller, les coutumes d'Artois, Monstrelet, le grand coutumier [4], font-ils dépendre le payement

1. Dans le *Livre de jostice et de plet*, p. 256, liv. XXIV, § 5, la femme est qualifiée héritière, « et se home conquiert, lui et sa feme, et muere, sa feme sera heir en la moitié par la reson de la compoignie et des mobles ausint. »

2. *Grant coustumier*, l. I, fol. 83.

3. D. Bouquet, XVII, 25. — *Spicileg.* de d'Achery, tom. VI, p. 467. — Labbe, t. XI, p. 654. — Rymer, t. I, p. 454.

4. Beaumanoir, XIII, 9. « Il est au quois de le feme quand ses barons est mors de laissier tous les muebles et toutes les dettes as hoirs, et d'emporter son doaire quite et délivre : et s'il li plest, ele pot partir as muebles, et se ele y part, ele est tenue à se part des dettes. » — *Établissements*, liv. I, ch. 15. « Gentilfame aura la moitié ès muebles se elle veult : mais elle mettra la moitié ès dettes et se elle ne veut rien prendre ès muebles elle ne mettra rien ès debtes et de ce est-il à son chois. »—*Les Olim* t. II, p. 240, an. 1284. Il s'agit de la veuve de Bouchard de Montmorency. « Allegans consuetudinem Francie notariam et approbatam talem esse quod ex quo renunciabat parti dictorum mobilium et ballo filii sui predicti non tenebatur nec ratione dofalicii nec ratione sui hereditagii, ad solvendum aliquid de debitis que ipsa et ejus maritus debebant, tempore quo decessit. » — Monstrelet, liv. I, ch. 18. « Et là, la duchesse Marguerite sa femme renonca à ses biens meubles pour le doute qu'elle ne trouvast de trop grandes dettes. » — D. Plancher, *Hist. de Bourgogne*, t. II, p. 124, n. 183, en 1306. Hugue déclare : « que madame la duchesse sa mère praingne ou non, renonce ou non aux meubles et aux dettes qui estoient présentes au jour que Monseigneur le duc son père ira de vie à mort, ait la moitié des acquès faits, pendant le mariage. »— Bouteiller, *Somme rurale*, Ire partie, tit. 97, p. 551 dit : « Elle peut renoncer aux

des dettes de la seule possession des meubles? Tous semblent organiser entre les propres du mari et de la femme une espèce de succession particulière, avec les meubles pour actif et les dettes mobilières pour passif [1]. Pourquoi n'y pas comprendre les conquêts féodaux? C'est que la féodalité avait séparé, ce qui jadis était confondu, les conquêts immeubles et les meubles. On ne renonce qu'à l'objet d'un droit. Tant que la femme noble n'eut pas droit au fief, elle n'eut pas part au conquêt immeuble qui était un fief. Ne succédant pas elle ne renonça pas. Au contraire les meubles par leur nature échappèrent aux règles féodales. Le droit de la veuve aux meubles, et à sa suite le droit de renonciation traversèrent sans être atteints, la crise qui transformait la condition des conquêts immeubles. Quand plus tard la nature du fief ne fut plus une raison suffisante pour écarter la femme des conquêts féodaux, la renonciation s'étendit de nouveau des meubles aux conquêts immobiliers. De nouveau il se forma une masse commune sur laquelle sans distinction, le droit de renoncer s'appliqua. Voilà pourquoi Charondas le Caron remarque que la renonciation ne s'étend pas seulement aux meubles comme le parait dire Bouteiller, *mais aussi aux acquêts et conquêts* [2].

S'il est vrai que la veuve féodale ne supportait dans les dettes du mari qu'une part proportionnelle à celle qu'elle prenait volontairement dans les meubles, on conviendra qu'il n'était guère nécessaire de lui accorder un privilége de renonciation. Et cependant faut-il imputer à l'imagination trop vive de l'auteur du Coutumier, l'origine erronée qu'il assigne au droit de renoncer? Je ne le crois pas. Il y eut, en effet, au temps des croisades, une sorte de renaissance du droit de renoncer, et cette renaissance fit illusion.

La veuve noble n'était point, à la mort du mari, saisie des meubles, des conquêts et des dettes ; elle peut non pas tant accepter ou renoncer, que choisir. La femme a le droit de choisir

meubles et aux cateulx et parmy ce elle demeure quitte de toutes les dettes. » — Varin, *Archives législatives de Reims*, Ire partie, p. 823, *Coutume du XVe siècle*. « La femme du mary noble a trois choix : c'est assavoir de prendre et appréhender les meubles, debtes et choses mobiliaires à la charge de payer les debtes auquel cas elle aura avec ce son douaire. »

1. Je dis les dettes mobilières, car la dette du prix d'un conquêt immeuble ne peut manquer de suivre cet immeuble.

2. Charondas. Le Caron, Com. sur le tit. 21 de la 2e partie.

des meubles, voilà son vrai droit : et comme les meubles sont
le gage des dettes, elle paye des dettes en proportion de ce qu'elle
prend dans les meubles[1]. Il en résulte, que si la femme renonce,
elle renonce à son droit de choisir, et que cette renonciation
s'exerce sans formalités par l'abstention et le silence de la femme.
Mais voici que la communauté roturière se constitue, et qu'elle
se constitue précisément au moment des croisades. Or, dans la
communauté roturière la veuve est tenue. Elle est saisie des
meubles, des acquêts et des dettes, des dettes mêmes sur ses propres. On ne tarda pas à comparer le mariage roturier et le mariage féodal, et dans la comparaison, de trouver, d'établir des
différences. L'usage s'introduisit pour la femme noble de jeter
sur la fosse du mari ses clefs, sa ceinture et sa bourse. L'orgueil
aristocratique se trahit dans ses formes nouvelles de renoncer. La
femme renonça solennellement, parce que la femme roturière ne
le pouvait pas; elle renonça pour prouver l'antique origine de
son droit de veuve; elle renonça par vanité. Le nombre, l'éclat
de ces renonciations, et surtout la nouveauté du cérémonial
firent croire que le droit datait des croisades et formait le privilége des femmes nobles. De privilége consacré par un acte, il
n'y en eut pas. Le privilége fut le droit commun des nobles,
parce que l'ancien droit commun était resté le droit particulier
des nobles. La tradition que la femme noble hérite de son
mari, et que partant elle peut accepter ou renoncer conduisit à
dire que la femme ne peut renoncer que lorsqu'elle est noble.
On attribua à la qualité de roturière, l'infériorité de la femme
roturière, et l'on ne vit pas que si la femme roturière ne pouvait
pas renoncer, c'est qu'elle n'était pas héritière, mais associée.
Ainsi peuvent se concilier dans une certaine mesure de vérité,
l'antique origine du droit de renoncer et l'assertion de l'auteur
du Coutumier.

Le caractère général du droit de la femme une fois défini,
essayons de reconnaître les deux formes sous lesquelles ce droit
se produisit : le préciput et la compagnie des gentilshommes.
On se rappelle les conditions qui présidaient au gain de survie
des lois barbares. Si le mari survivait, il ne devait rien aux

---

1. Voy. les textes cités. — B. I., Ms. dom Housseau, t. VI, n. 2023. « Quod si *forte*
ipsa voluerit habere medietatem mobilium, solvat medietatem meorum debitorum. »
Testament de 1200.

héritiers, des conquêts qu'il n'avait point promis par contrat de mariage. Conquêts et meubles il gardait tout. Si, au contraire, la femme survivait, elle prenait sur eux son douaire, morgengab légal. Ainsi, déjà un jeu était organisé sur la vie des époux. Celui qui vivait, gagnait. Le jeu continua. La masse des conquêts et des meubles fut mise tour à tour à la loterie de la survie : seulement point capital, la femme acquit dans cette loterie des chances égales à celle de l'homme. Les contrats de mariage par des stipulations réciproques, les testaments par des legs, assurèrent au survivant la jouissance des conquêts et des meubles. Le préciput commença par être conventionnel; il finit par être légal. Peut-être même les *Novelles* de Justinien (53, ch. VI, et 117, ch. V), en faveur de l'époux survivant, eurent-elles quelque part dans cette révolution. Le préciput, que la coutume de Péronne qualifie de privilége de noblesse [1], se lie intimement, quoique indirectement, au gain de survie des lois barbares. Il n'est ni ordonnance, ni arrêt, ni auteur, qui constate le jour où cette forme spéciale de la communauté prit naissance. Elle naquit du désir de relever le sort de la femme, et sous l'empire de cette erreur, que la femme était héritière. C'est ainsi que le *Grand coustumier* conçoit le préciput purement mobilier [2]; et voilà comment Loysel et la coutume de Valois trouvaient, dans cette masse de biens livrés au hasard de la survie, un droit de succession [3]. Dans certaines coutumes, la femme n'avait un droit complet qu'en l'absence d'enfants; mais nous croyons que cette règle ne se développa que tard, au seizième siècle, par une réaction en faveur des mineurs [4]. L'égalité fut à l'origine la base des droits des époux, et peut-être même est-ce pour l'atteindre que le préciput s'est formé [5].

1. Péronne (art. 126).

2. *Grant coustumier*, liv. I, fol. 83.

3. Loysel, 2, 5, 23, place le préciput au titre des successions. Ainsi la coutume de Valois, art. 62.

4. *Coutumier général*, t. III, p. 1111, cout. de Blois

5. Les coutumes qui exigent formellement l'absence d'enfants sont rares : Paris, art. 238; Blois, 182. — Loysel a dit (II, 5, 23) : « Entre nobles, le survivant sans enfants gagne quasi partout les meubles. » Mais la condition de l'absence d'enfants ne se trouve point pour les acquêts dans les coutumes d'Anjou, de Valois, du Maine, ni pour les meubles dans les coutumes de Bourgogne (25), de Clermont (189), de Lorraine (t. II, art. 1).

Au quatorzième siècle, le préciput ne fut, dans les hautes classes féodales, ni la seule, ni même la forme la plus répandue de la communauté. Des traditions du passé, des mœurs du présent, se forma la compagnie des gentilshommes; au fond, c'était la communauté des bourgeois. Beaumanoir nous montre le gentilhomme et sa femme formant compagnie volontaire d'acquêts [1], la femme disposant par testament de sa part dans les conquêts [2], prenant, à la dissolution du mariage [3], ou laissant à ses enfants le droit de prendre la moitié dans les conquêts et les meubles [4]. N'y a-t-il pas là, reconnaissance de la copropriété de la femme et application des règles de la société [5]? Mais telle est la force des préjugés aristocratiques, que dans une institution dont le principe était l'égalité, s'introduisit le privilége. On assimila les conquêts aux meubles; on soumit cette masse à une législation particulière. La femme, qui n'avait d'abord renoncé qu'aux meubles et aux dettes [6], renonça à la communauté; et l'institution roturière fut relevée et anoblie. Ainsi la renonciation était restée la propriété exclusive des gentilshommes, et lorsque la communauté bourgeoise envahit leur régime matrimonial, ils lui appliquèrent ce privilége comme le sceau de leurs armes et le cachet de leur supériorité féodale.

Il n'est pas un ancien auteur qui ait su discerner les éléments contradictoires de la compagnie des nobles. Charondas le Caron raconte qu'un vieux praticien, nommé Guido, dont il avait un manuscrit, appelait, du temps de Philippe Auguste, le droit

---

1. Beaumanoir, XIV, § 21. « Se uns gentix hons et une gentix feme assanllent ensanlle par mariage et acatent fief. »

2. Beaumanoir, XII, § 10. « Le mariage durant, li chevaliers aceta un fief, et en fist homage au conte : après, le dame, en se derraine volenté donna à son baron, toz ses muebles et ses conquès à tenir les dis conquès toute se vie, et après ele morust. »

3. Beaumanoir, XIV, § 29. « Exepté le partie que le feme au mort en doit porter, s'il estoit mariés, c'est à savoir : son douaire, le moitié des muebles et le moitié des conquès. »

4. Beaumanoir, XIV, § 20. « Uns chevaliers et une dame en lor mariage acetèrent un fief en l'eritage du chevalier. Ils orent enfans. Après, le mère morust, et li enfant demandèrent le moitié du fief par le reson de l'aqueste lor mère. »

5. *Style du Châtelet de Paris*, ms. Bibl. Nat , suppl. français, n. 325, p. 91 v°. L'auteur, parlant d'un chevalier et d'une dame, dit : « Le second fils aura toute la part de la dite dame sa mère des conquetz qu'elle a faiz en la compaignie du second mari. »

6. Bouteiller, *Somme rurale*, Com. de Charondas Le Caron sur le titre 97 et 98 de la Ire partie, p. 556, 565.

de moitié aux acquêts, droit de veuve [1]. Deux cents ans après, Boutelller partageait l'erreur de Guido [2]. Et pourtant, sous l'apparence d'une héritière, qu'était la femme noble, si ce n'est une associée?

Il fallait que le régime de communauté fût devenu une véritable nécessité sociale, pour conquérir et dominer une classe où tout conspirait contre lui. Sa victoire ne fut pourtant pas si complète, qu'on ne puisse citer certains points où il échoua. De la maison royale, et de quelques autres grandes maisons de France, la communauté de biens, comme le douaire légal [3], fut exclue. Les intérêts étaient trop nombreux, trop variés, pour qu'ils ne fussent pas réglés d'avance. Le contrat de mariage prévoyait tous les événements, et chacun des époux avait par acte ses droits fixés. « Le contrat de mariage, dit Montesquieu, fut pour les nobles une disposition féodale et une disposition civile [4]. » Si nous descendons jusque dans les rangs inférieurs de l'aristocratie, nous trouvons encore la trace des anciens usages. On peut citer certaines coutumes où le droit germanique du mari à la propriété absolue des acquêts est énergiquement maintenu [5].

III.

La Communauté chez les roturiers.

La communauté des nobles s'appuie sur les traditions germaniques; la communauté des roturiers renouvelle le droit coutumier. La communauté des nobles apporte comme éléments définitifs la puissance maritale dans ce qu'elle a de plus absolu, le préciput et la renonciation. La communauté des roturiers seule

---

1. Boutelller, tit. 98, 1re partie, p. 561.

2. Beaumanoir, ch. XIII, 12.

3. Montesquieu, *Esprit des lois*, liv. XXI, ch. XXXIV.

4. Maillart, *Cout. d'Artois*, 1509, § 90 : « En acquisition d'héritaige féodal, le mari est seul acquesteur. — Giraud, t. II, p. 208, *Anciennes coutumes de Bourgogne, De Acquestibus*, § 11 : « A Dijon, et en plusieurs aultres lieux de Bourgoingne, la femme ne prent rien en acquestz de son mari faiz durant leur mariage. » — Giraud, tom. II, p. 418. Anciennes coutumes de Reims. — *Archives législatives de Reims*, publiées par M. Varin, coutume civile du quatorzième siècle, § 18, p. 010.

5. *Ord.* XI, p. 208. Dun le Roy, § 7. — XI, p. 200. Poitiers, § 1. — XI, p. 202, Sens, § 5. — XI, p. 210. Soissons, § 5. — XI, p. 318. La Rochelle. — XI, p. 407. Charroux, § 11. — XI, p. 180. Laon, § 10.

renferme le principe fondamental, l'égalité des époux dans une association volontaire.

La communauté de biens entre époux est une institution complexe, un fait social, et les faits sociaux se forment lentement par des modifications successives qu'enchaînent entre elles les mœurs et des besoins toujours nouveaux. J'ai dit les origines chrétiennes, germaniques et coutumières de la communauté, si l'on peut toutefois rapprocher à ce point la société d'acquêts cachée dans le *dotalitium*, et la communauté roturière. Il est certain, que la même cause, les mœurs, la même influence, l'Église présida à ces deux associations conjugales. J'ai dit aussi la fermeté avec laquelle l'Église défendit contre la féodalité, le principe de l'égalité des époux. Enfin, j'ai montré comment au douzième siècle, le droit pontifical ordonnait le partage des conquêts communs. La décision qu'en 1186, rendit le pape Urbain III en cette matière, me semble d'une importance extrême, et nous livre le secret des progrès rapides, que la communauté fit dans les classes roturières. Quelle autorité ne dut-elle pas avoir alors qu'invoquant la doctrine divine, et le droit canonique, l'Église demanda qu'on satisfît aux besoins les plus impérieux du temps ? Elle parle et montre l'égalité des époux devant Dieu; elle dicte, et les clercs appliquent au contrat de mariage, *societas nuptiarum*, les principes romains du contrat de société. Songez que nous sommes au douzième siècle, en pleine fièvre de résistance et d'égalité. Les villes se soulèvent, et les armes à la main poursuivent des garanties de liberté et de sécurité. Le roi, les seigneurs n'interviendront plus dans le mariage des bourgeois [1]. Les époux seront libres. Pourquoi ne seraient-ils pas égaux ? Dans le partage des successions le frère ne l'emporte pas sur la sœur [2]. La femme contribue au ménage dans les mêmes proportions que le mari, et si tous deux embrassent la carrière du commerce, les époux, l'un comme l'autre, la suivront brillamment. Mais cette égalité si naturelle, cette égalité qui était pourtant un effet de leur infériorité sociale, comment pour les bourgeois la faire valoir? La question fut résolue d'instinct par ce grand mouvement qui précipita les basses classes dans l'association. La commune

1. Beaumanoir, ch. xiv.—*Établiss. de St-Louis*, I, 132.—Bouteiller, tit. LXXVIII, p. 458 et p. 400. — Thierry, *Doc. inéd.* Amiens, t. I, p. 161.
2. *Ord.* XI, p. 220. Role, § 17.

dans l'histoire, la corporation dans l'industrie, la communauté dans le droit, sont les expressions diverses d'un mouvement général.

Des situations sociales aussi tranchées, aussi distinctes, que celles des gentilshommes et des francs, devaient enfanter des institutions qui leur fussent propres. Comparons la communauté chez les nobles et la communauté chez les roturiers. L'intention des parties est le trait distinctif qui les sépare. La communauté noble semble appeler la femme à un droit de succession. La communauté bourgeoise consacre à son profit un droit de propriété. Chez les nobles, c'est une tradition, chez les bourgeois une convention. « Cascun, dit Beaumanoir, set que compaignie se fait par mariage, car sitost comme mariages est fes, li bien de l'un et de l'autre sont communs par mariage [1] » On pourrait s'il ne s'agissait que de meubles, expliquer cette communauté par la confusion; mais cette phrase : « li bien de l'un et de l'autre » comprend les meubles. Il faut donc aller chercher une autre raison à la compagnie, et cette raison, je la trouve dans le consentement des époux. Beaumanoir suppose que les époux suivant la générale coutume, n'ont point fait de contrat, et que la compagnie légale dont il trace les règles, a pour fondement comme notre communauté légale, la volonté des parties. Dès lors, tout s'explique : et le partage par moitié des meubles, des acquêts, des dettes, et l'égalité des droits et des devoirs entre époux. Du moment que le mari et la femme offrirent à l'association, deux positions juridiquement et moralement semblables, le partage égal des bénéfices dut entraîner le partage égal des charges. La femme avait fait compagnie, elle en devait supporter les effets; elle gagnait la moitié des meubles, n'en eut-elle pas même apporté; elle devait la moitié des dettes même sur ses propres. La femme noble se présentait comme héritière et pouvait renoncer. La femme roturière se présentait comme associée et ne le pouvait pas.

De ce principe fondamental, que la compagnie roturière est une société volontaire, j'ose tirer une autre et plus importante conséquence. La base sur laquelle repose le droit d'administration du mari tend à se déplacer. Noble ou roturier, le mari était bail et mainbour de sa femme. La mainbournie, c'est le mun-

<hr>

1. Beaumanoir, XXI, 2.

dium, et en vertu du *mundium*, le mari fait siens fruits, meubles et conquêts; mais voici qu'à sa qualité de mari il joint celle d'associé; s'il administre, ce n'est plus seulement comme mainbour, c'est comme commun. Le contrat accessoire de société se mêle au contrat principal de mariage et le domine. Que la personnalité du mari dérobe aux regards de tous la personnalité de l'associé, soit; mais l'associé est le fond et le mari la forme. Dès lors le mari n'administre plus pour lui seul, et l'on peut entrevoir, se cachant sous cette omnipotence, le nouvel élément du mandat de la femme au mari associé.

Je ne dis pas que nos pères se soient rendus compte de ce qui se passait autour d'eux. En formant compagnie, en combinant ensemble un certain nombre de faits juridiques, ils n'avaient point la prétention de rattacher ces faits à telle ou telle institution. Mais il est un certain ordre naturel des choses qui se rasseoit de lui-même et se reforme lorsqu'on le dérange. Le temps fait toujours rentrer les événements dans l'ordre logique de leurs principes; et c'est ainsi, que l'esprit d'égalité et de société luttant pour diriger la communauté contre la puissance maritale, reprit, en les modifiant dans son sens, tous les faits que les mœurs avaient produits. L'histoire de la communauté, depuis les coutumes jusqu'au code, se résume en deux mots. La puissance absolue du mari s'affaiblit; la position de la femme s'améliore. A chaque siècle se dégage peu à peu l'idée que si le mari n'est plus propriétaire, il est associé, et que s'il administre, c'est en vertu d'un mandat tacite de sa femme. La théorie du mandat est dans l'idée même de société, et je n'hésite pas à confondre ses origines avec les origines de la communauté.

En définitive, quelques règles fort simples président à l'organisation de la communauté roturière. *Maritus vivit ut dominus, moritur ut socius.* Les droits de la femme, nuls pendant le mariage [1], paraissent à la mort du mari. La femme ou ses héritiers prennent la moitié des meubles et des acquêts [2]. La nue propriété

---

1. Desmares, déc. 77, D'Argentré, art. 408. *Anc. cout.*, Gloss. 3, n° 1.

2. Beaumanoir, XIV, § 29. — XII, §§ 10 et 22. — XX, § 9. — XXI, § 2. — *Ordonnances*, XI, p. 108. Lettres de Louis VI à la ville de Laon, en 1108. — *Ordon.* XI, p. 105. Charte d'Amiens, 1190. « Qui superstes fuerit medietatem solus habebit et infantes aliam. »

Assises de Jérusalem, C. des Bourg, ch. CLXXXIII, éd. Beugnot, p. 122. « S'il avient que un homme et sa feme ont encemble conquis vignes ou terres, ou maisons ou jardes propres est exclue de la communauté [1] ; mais en fait, les propres ne sont pas à l'abri de la mauvaise administration du mari, puisque la femme doit, même sur eux, la moitié des dettes [2]. La femme roturière n'accepte ni ne renonce, elle est tenue.

Nous avons vu le gentilhomme adopter la compagnie roturière ; nous allons voir le roturier suivre le préciput des gentilshommes. Il faut, à cet égard, faire une distinction capitale. Le préciput mobilier, le droit de prendre tous les meubles en payant toutes les dettes, constitue un privilége qui se lie étroitement au droit de renonciation, à la qualité d'héritière de la femme noble. Quand le droit de renonciation fut accordé à la femme roturière, on aurait pu lui accorder aussi le préciput légal ; mais c'était déjà trop que d'avoir perdu un privilége. Les nobles se réservèrent soigneusement le préciput mobilier, et très-généralement les coutumes donnèrent cette satisfaction à l'orgueil aristocratique. Il n'en fut pas de même du préciput immobilier, parce que, à l'origine, comme je l'ai déjà expliqué, on ne renonçait pas aux conquêts immeubles. Rien n'empêchait d'ailleurs les époux roturiers de former une compagnie, dans laquelle le survivant jouit de la totalité des bénéfices immobiliers.

dins, le droit dit que la feme doit aver la moitié de tout. — *Livre de jostice et de plet*, Documents inédits, p. 217, l. X, tit. XX, § 2.—P. 219, l. X, tit. XXI.—P. 255, liv. XIII, tit. XXIV, § 5. — *Établissements*, liv. I, ch. xv.

Les Olim, t. I, p. 565—1203. Saint Louis avait donné 20 livres de revenus à son cuisinier Saveric. La femme réclame *racione conquestus, cum ipsi marito suo concesse fuissent, constante matrimonio inter ipsos.* T. I, p. 708, 1207. Quatre ans après, la même espèce fut jugée d'une manière différente ; mais le droit de communauté n'en est pas moins reconnu. T. II, p. 474, 1301.

Style du droit français. B. IV, man. 0387, anc. fonds, pour le Bourbonnais et l'Auvergne.

Cout. de Bourg., quatorzième siècle. (Giraud, t. II, p. 208). *De acquestibus*, § 8.

Maillard, *Anc. cout. d'Artois*, quatorzième siècle, tit. XXXV, §§ 4 et 5.

Marnier, *Anc. cout. inédit. de Picardie*, quatorzième siècle, p. 9, tit. IX, des acquestes. — *Anciennes coutumes de Ponthieu*, p. 110.

Bouteiller, *Somme rurale*, tit. XCXVIII, p. 561 ; tit. LXXVIII, p. 459 ; tit. LXXVI, p. 445.

1. Documents inédits : *Monuments du tiers État*, t. III, p. 150. — *Livre de jostice et de plet*, p. 173, liv. IX, tit. I, § 4 —*Les Olim*, t. I, p. 150, an. 1200.—Beaumanoir, ch. xxi, § 2. « Mais voirs est que li treffons de l'irelage qui est de par le feme, ne pot li maris vendre se ce n'est de l'otroi et de le volonté de sa feme. »

2. *Cout. de St-Dizier*, treizième siècle, dans les Documents inédits, t II, p. 325, § 227. — *Coquille sur Nivernais*, t. XXIII, art. 7. — *Ferrières et les commentateurs sur l'art.* 237 *de la Cout. de Paris*, t. I, p. 590.

Ne voit-on pas par les communautés continuées dont Beaumanoir nous donne des exemples, combien était vif le mouvement qui poussait à prolonger comme à former des associations [1]? On pourrait soutenir avec un peu d'audace que le préciput immobilier est pour la roture une forme de la communauté continuée; et pour bien faire comprendre ma pensée, je dirais alors, sous toutes réserves, *societatem defuncti persona sustinet*.

A ces raisons particulières, joignons les raisons générales.

J'ai dit que le préciput immobilier avait été une réaction contre le bail et la mainbournie; mais cette réaction s'était portée sur l'époux noble comme sur l'époux roturier, parce que l'autorité maritale était la même chez l'un et chez l'autre. Le préciput commença par être conventionnel. Pourquoi le bourgeois ne l'aurait-il pas stipulé? Là où la compagnie ne trouva ni air ni espace pour vivre et grandir, les roturiers durent emprunter au droit des gentilshommes, et subir le contre-coup des révolutions successives qui du gain de survie des lois barbares avaient conduit les époux nobles à une véritable communauté. Je ne vois donc pas comment beaucoup d'auteurs modernes ont attribué spécialement aux nobles le texte des *Établissements de Saint-Louis*. Je m'appuie, pour les réfuter, sur la place qu'occupe, au milieu du droit des roturiers, le chapitre 136 du premier livre. J'argumente de cette manière générale de désigner les époux, *l'om* et *la femme* [2]. On objecte le droit commun, on cite les *Assises*; mais dans la France coutumière, pouvait-il y avoir un droit uniforme et certain? A Reims [3], par exemple, au

1. Beaumanoir, ch. xxi.

2. *Établiss. de St-Louis*, ch. 136, 1 liv. « Si un hom ou une fame achetoient terre ensemble, cil qui plus vit, si tient sa vie les achats; et quand ils seront morts ambedui, si retorneront li achat l'une moitié au lignage devers l'home, et l'autre moitié au lignage devers li fame. » M. Troplong, p. 133; M. Ginoulhiac, p. 305; M. Tardif, p. 31, soutiennent que ce texte ne s'appliquait pas aux roturiers.

3. Girard, *Essai sur l'hist. du dr. franç. Cout. de Rheims*, t. II, p. 418. — *Documents inédits. Arch. lég. de Rheims*, par M. Varin, t. I, p. 610. *Cout. civile du quatorzième siècle*, § 18. « Item se aucun acheste ou acqueste heritaiges avec sa femme, et la femme trespasse devant, si tost comme elle est trespassée, les hoirs d'elle sont héritiers de la moitié desdits héritaiges acquestes; mais le mari les tient toute sa vie; et après son trespas, la moitié en retourne auxdictz hoirs de sa femme, et avec ce ont iceulx hoirs l'apport d'icelle femme. — Nota. *Quod hoc verum* est entre gens de poeste, *sed fallit* entre nobles, car à l'omme noble survivant appartiendroient par le droit des nobles tous les meubles communs. » Voilà qui justifie mon système sur les deux préciputs mobilier et immobilier.

treizième siècle : « Li ons tient tous les aques qu'il fait entre lui et sa femme toute sa vie. » En Picardie [1], au quatorzième siècle : « Toutesfois que hom et femme acquièrent ensanle, tant à la femme comme li hom, et en doit goir après son décès se elle veut sans empêchement. » Et Bouteiller [2], qui sait si bien distinguer la femme de la dame, n'hésite pas à écrire : « Si aucun achetoit ou autres ensemble, aucune chose ensemble en héritage, celui qui vivroit le plus tiendroit sa vie durant tous les achats ; et tout ainsi feroit la femme si plus vivoit que l'homme, et eux morts, adonc reviendroit la moitié des achats à chacun costé de par l'homme et de par la femme. » Il ne me paraît point possible de prétendre que ces textes soient spéciaux aux nobles ; et si l'époux survivant et roturier gardait ou prélevait, en Champagne, en Picardie, dans l'Ile de France, la jouissance de la part d'acquêts qui revenait aux héritiers de l'autre, pourquoi n'en aurait-il pas été de même en Anjou ?

IV.

La communauté chez les serfs.

Beaumanoir divise les personnes en trois classes : les nobles, les francs, les serfs. Nous avons trouvé la communauté chez les nobles, chez les francs ; la trouverons-nous aussi chez les serfs ?

J'appelle l'attention sur le § 4 du titre XLVII de la loi salique : « *Si autem quis migraverit in villam alienam, et si aliquid infra* XII *menses, secundum legem contestatam non fuerit, securus ibidem consistat, sicut et alii vicini* [3]. » Ce texte doit être rattaché, ce me semble, aux communautés taisibles par an et jour. Je m'explique. Quand la villa fut devenue fief, le seigneur hérita de l'ancien droit des habitants de recevoir ou de ne pas recevoir un étranger chez eux. Le serf ne pouvait ni quitter la seigneurie, ni s'y établir sans le consentement du seigneur. Le droit de poursuite, d'abord général, fut ensuite tempéré par des traités de parcours. Certaines coutumes permettaient au serf de quitter la seigneurie, sauf le droit du seigneur de confisquer les biens. Mais,

1. Marnier, *Anc. cout. de Picardie*, quatorzième siècle, tit. IX.

2. Bouteiller, *Somme rurale*, tit. LXXVIII, p. 400.

3. Cartulaire de Champagne et de Langres, cité par Brussel, *Usage des fiefs*, t. II, p. 1007 et suiv.

selon d'autres, la résidence pendant un an et un jour, sous la terre
féodale, rendait, à l'échéance du terme, mainmortable et serf.
Je vois dans cette dernière règle le titre XLV de la loi salique,
mis au service de la féodalité.

La misère des temps, l'intérêt des seigneurs, avaient alors
réuni les serfs dans des communautés agricoles. Vivant sous le
même toit, du même pain et du même sel, les serfs se succédaient
les uns aux autres dans la concession indivisible qui leur avait
été faite. A l'acquisition, à la perte des droits de communauté,
on appliqua la prescription germanique : preuve évidente que la
communauté dépendait moins des rapports des serfs entre eux
que des obligations envers le seigneur [1]. Peu à peu, grâce aux
efforts de l'Église, à l'influence du droit romain, à la révolution
communale, à l'action de la royauté, le servage disparaît, mais
l'habitude de vivre en commun demeure. Entre les tenanciers et
les censitaires, les compagnies à pain et à pot se multiplient. Des
serfs, la communauté taisible par an et jour monte jusqu'aux
hommes de poeste. Des campagnes elle gagne la ville, mais avec
un nouveau caractère, qui tient à la condition libre des associés
et à leur complète indépendance de tout service féodal. « Le quarte
manière par quoi compaignie se fet, si est le plus périlleuse, et
dont j'ai veu plus de gens deceus; car compaignie se fet, par
nostre coustume par solement manoir ensaulle, à un pain et à
un pot, un an et un jor puisque li mueble de l'un et de l'autre
sont mellé ensaulle [2]. »

En parcourant la route que fit de la loi salique à Beaumanoir
l'association par an et jour, nous ne rencontrons pas la communauté conjugale. La communauté conjugale n'est pas une société
tacite qui se forme par la confusion des meubles, la vie commune
pendant un certain temps. C'est une société volontaire, et qui
commence « sitot comme mariage est fez. » Beaumanoir, les *Assises*, les *Établissements*, l'*Ancien coutumier d'Artois*, s'accordent pour faire commencer la communauté entre époux du jour
du mariage. Seul, le *Grant coutumier* [3] dit : «... deux conjoincts

---

1. Guy Coquille, *Sur Nivernais*, ch. viii, et *Inst. coutum.* des servitudes personnelles. — Loisel, liv. I, tit. I, règle 71 à 78. — Ginoulhiac, *Hist. du rég. dot. et
de la com.*, p. 318. — Tardif, *des Origines de la com.*, p. 30, 31. — Laferrière,
Hist. du droit franç., p. 108, t. I. — Laboulaye, *Cond. des femmes*, p. 333.

2. Beaumanoir, XXI, § 5.

3. *Gr. Coustumier*, fol. 82.

ou deux affins demeurant ensemble par an et jour... ils acquièrent l'ung avec l'aultre communauté quant aux meubles et conquestz. » Desmares [1], les *Coutumes notoires du Châtelet* [2] et l'*Ancienne coutume de Paris* [3] réfutent le *Grant coustumier*, en nous prouvant qu'à Paris, ni au quatorzième ni au seizième siècle, ce terme ne fut exigé pour faire commencer la communauté conjugale.

Ne nous contentons pas de l'avis unanime des auteurs, et voyons à quel point la communauté roturière à pain et à pot différait des communautés serviles. Les serfs communs, mais seulement ceux qui étaient communs, se succédaient les uns aux autres. La part de l'associé roturier n'accroît pas à ses coassociés, mais passe à ses héritiers. La communauté servile embrasse tous les biens mainmortables meubles ou immeubles. La communauté roturière est surtout mobilière. Entre serfs, « un parti, tout est parti, et le chanteau part le vilain. » Entre roturiers, la communauté se continue. Ces différences coulent toutes de la même source. Les communautés agricoles sont des cadres forcés dans lesquels le seigneur fait entrer ses mainmortables de gré ou de force, pour la meilleure exploitation de ses champs. La communauté roturière à pain et à pot est une compagnie qui se forme volontairement entre hommes de poeste libres, mais qui reçoit sa consécration de la confusion des meubles pendant l'an et jour.

Pour que la communauté conjugale ait été une compagnie à pain et à pot entre époux, il aurait fallu que sa naissance dépendît du terme d'an et jour; d'abord ce terme ne date pas du servage; ensuite, le droit féodal en use quand le droit romain le lui permet. La saisie des meubles par l'exécuteur testamentaire, la jouissance et la possession d'une chose immobilière, la saisine des meubles, le droit de bourgeoisie s'acquéraient par an et jour [4]. J'espère avoir donné des raisons considérables pour qu'il n'en fût pas de même dans la communauté conjugale. Huit coutumes cependant exigent ce laps de temps pour faire commencer la communauté. Mais trois seulement (Chartres, 57,61), Châteauneuf (66,70), Dreux (48,52) l'appliquent à la société tacite mo

1. Desmares, déc. 247.
2. *Cout. du Châtelet*, 163.
3. *Ancienne cout. de Paris*, art. 104.
4. *Ordonn.* XI, p. 225. Chaumont, § 10, p. 206. Bray, § 12, p. 263. Sens, § 19, p. 311. Doullens, § 22. — *Ord.* I, p. 314. Ph. le Bel.

billière et à la communauté conjugale ; cinq, le fait est notable, (Bretagne, Maine, Anjou, Grand-Perche et Loudunois), ne reconnaissent pas la société tacite mobilière, et toutes les autres font remonter la communauté au jour du mariage. Je veux bien qu'à Chartres, à Châteauneuf, à Dreux, le terme d'an et jour ait été imposé par l'influence des sociétés taisibles ; mais ce n'est point avec trois coutumes du quinzième siècle, soutenues par le *Grand Coustumier*, qu'on peut expliquer les origines si diverses de la communauté conjugale. Par les distinctions qu'il établit au chapitre des compagnies, Beaumanoir suffirait seul pour faire condamner le système de MM. Gaupp, Laferrière et Laboulaye.

SECTION IV.

La communauté des Coutumes au Code.

Je touche au terme. Le seizième siècle approche. Les coutumes sont réformées, transcrites, consacrées. Du douzième au seizième, que de progrès, que de changements ! La communauté roturière se règle en s'étendant. Née par la force des choses, elle se plie aux nécessités d'une situation toujours nouvelle. Elle se fond avec la communauté des nobles, qui lui octroie la renonciation comme la marque de son alliance ; mais, dans cette alliance, la communauté roturière garde le premier rang, car elle a seule le principe de vie, le principe de l'égalité des époux dans l'association.

Si l'on jette un regard d'ensemble sur toute cette période, il n'est pas malaisé d'en apercevoir le caractère général. La position de la femme se fortifie et grandit ; l'idée de société peu à peu s'étend ; le principe de copropriété sur lequel repose la communauté, ébranle le pouvoir du mari sur les biens communs : on ne peut plus dire, après la rédaction des coutumes, que le mari est seul propriétaire. Cependant les articles 224 de la *Coutume* de Paris, 424 de Bretagne, 178 de Blois, 193 d'Orléans, 134 d'Artois, reconnaissent le mari, j'en conviens, seigneur et maître des meubles et conquêts immeubles faits par lui pendant le mariage. Des doutes s'élevèrent d'abord sur le point de savoir s'il lui était permis de les aliéner sans le consentement de sa femme, et un arrêt du 14 août 1571 avait tranché la question en faveur du mari ; mais ce droit, en apparence si absolu, n'était pas sans limites : le mari, par testament ou donation à cause de mort, ne pouvait donner des biens communs ; car, disent les anciens auteurs, la moitié des biens communs appartient à la femme. (Ainsi Nivernais, ch. XXIII, art. 3 ; Poitou 245, Bourbonnais 236.) Le mari pouvait donner, cela est vrai, mais à personne capable et sans fraude. Il y a fraude, selon Ferrières, quand la chose donnée revient au mari directement ou indirectement, en tout ou en partie. Enfin, plusieurs coutumes ne permettaient même pas au mari de donner au delà de sa part d'acquêts. (Loudun, ch. XXVI, art. 6 ; Anjou 289, Tours 254, Maine 304.) La portée des coutumes a donc été sur ce point fort exagérée.

Examinons maintenant l'ancienne doctrine. Dumoulin soutenait que la communauté était plutôt *in habitu* qu'*in actu. Maritus vivit dominus, moritur ut socius ; mulier non est proprie socia, quam speratur fore.* Et d'autre part Pothier, quoique beaucoup moins explicite, penche vers les conclusions de Dumoulin. Comment alors concilier cette proposition de nos deux grands jurisconsultes : *La communauté ne commence qu'à la dissolution du mariage ;* et cette autre, sur laquelle ils sont encore d'accord : *La communauté a son point de départ dans la bénédiction nuptiale ?* On peut résoudre cette difficulté en distinguant les rapports des époux avec les tiers et les rapports des époux entre eux. Oui, vis-à-vis des tiers, le mari était réputé propriétaire des biens communs ; mais s'ensuivait-il qu'entre époux la communauté n'existât pas ? Les tiers qui avaient traité avec le mari étaient assurés d'un droit incontestable, parce que le mari avait agi en sa qualité de chef de la communauté, en son nom et au nom de sa femme. C'est ce qui a fait dire à Ferrières : « Le mari est maître des biens de la communauté, comme si la femme n'était pas commune avec lui ; » et à Laurière : « Mais le mari n'est pas propriétaire, si ce n'est de sa moitié seulement. » Ainsi tout s'éclaircit. La première assertion de Dumoulin : « la communauté a son point de départ dans le mariage, » donne la mesure des droits qui sont attribués au mari dans ses rapports avec les tiers, et correspond à l'art. 225 de la *Coutume de Paris.* La seconde : « la communauté ne commence que lorsque le mariage est dissous, » détermine la situation des époux dans la société conjugale, et correspond à l'art. 220 de cette Coutume. Donc, au seizième siècle, la communauté existait pendant le mariage, et le mari n'était point propriétaire absolu des biens communs.

Le soin avec lequel les coutumes règlent et limitent les pouvoirs du mari sur les biens communs est un symptôme du travail qui se faisait dans la communauté. Il s'agissait d'introduire dans la pratique la théorie de l'égalité. Environnée d'un prestige séculaire, la puissance maritale imposait le respect; on n'avait pas osé porter sur elle une main trop hardie. Mais la mort rend à chacun sa place, et la fiction disparaît devant la réalité. Les mœurs, la jurisprudence, les auteurs attendirent ce moment pour voler à la défense de la femme, et la couvrir contre le mari par une série de mesures nouvelles et efficaces.

Le mariage est dissous par la mort du mari : jadis la femme roturière était tenue; maintenant elle peut accepter ou renoncer. Ferrières remarque que ce choix est contraire à la nature de la société; mais la tradition qui donnait la renonciation aux femmes nobles, se joignant au désir de balancer l'omnipotence du mari, généralisa le privilége. Loisel nous apprend que cet usage fut accordé aux veuves des roturiers par le crédit de Jean-Jacques de Mesmes, lieutenant civil et maître des requêtes [1]. L'art. 115 de l'*Ancienne coutume de Paris* fut corrigé à cet égard par l'art. 237 de la nouvelle [2]. Des arrêts de 1568, 1587, 1589, étendirent le droit de renoncer aux héritiers de la femme. Néanmoins à cette époque la femme noble n'avait pas encore reçu le bénéfice d'inventaire. (Arrêt de 1603 [3].)

Prenons parti pour la femme. Elle accepte. Elle doit la moitié des dettes, même sur ses propres; cette décision est conforme à l'esprit de la société. Tel était l'ancien droit; mais les auteurs firent observer qu'avec cette règle le mari pouvait indirectement aliéner les propres de sa femme. La jurisprudence s'unit aux auteurs, à Dumoulin en particulier; et Coquille, citant l'arrêt du parlement de Paris du 14 août 1567 [4], ajoute : « J'y estois présent, et fut dit que la veuve prendroit ses propres et son douaire « sans charge des debtes faites par le mari. » Lors de la révision des coutumes, cette innovation devint de droit commun. Elle est consacrée par l'art. 228 de la *Nouvelle coutume de Paris*.

Dans l'ancien droit, la vente du propre de la femme sans son

---

1. Loisel, n° 11.
2. Dumoulin sur Paris, art. 116 de l'anc. Coutume.
3. Ferrières sur Paris, t. I, p. 607.
4. Coquille sur Nivernais, t. xxiii, art. 7. *Inst. au droit français*, t. des droits des gens mariés, question 109.

consentement était radicalement nulle. « Mais voirs est que li treffons de l'iretàge, qui est de par le feme, ne pot li maris vendre,
se ce n'est de l'otroi et de le volonté de se feme [1]. » Si la femme
avait consenti, le mari devait-il faire remploi? La question était
douteuse au treizième siècle [2]. En général, on avait recours à des
stipulations; c'est sous cette forme que le remploi prit crédit.
Peut-être pourrait-on trouver à la fin du quatorzième siècle des
cas de remploi sans conventions [3]; mais jusqu'au seizième, on se
demanda si les deniers provenant de la vente d'un propre ne
devaient pas tomber dans la communauté [4]. Un arrêt célèbre de
1567 tint la négative, parce qu'il est défendu aux conjoints de
s'avantager mutuellement. L'*Ancienne coutume de Paris* gardait
le silence sur ce point; l'art. 232 de la nouvelle adopta la doctrine de la jurisprudence. Un autre arrêt de 1585 décida que si
les biens de la communauté ne suffisaient pas, le remploi se ferait sur les propres du mari.

C'est enfin à la même époque, dans la dernière moitié du
quinzième siècle, que l'hypothèque légale entra dans la coutume
par la convention. Elle venait du midi par le centre de la France
couronner le système de garanties que les mœurs élevaient peu
à peu autour de la femme. Les jurisconsultes comme Chopin, Bro-
deau, Ferrières, l'accueillirent avec faveur, et les arrêts de 1609,
1614, 1616, accordèrent à la femme hypothèque légale avec ou
sans stipulations, du jour de son contrat de mariage.

CONCLUSION.

En quelques mots j'essaye de résumer ce long travail et je
propose les conclusions suivantes.

I. Le point de départ de la communauté de biens entre époux
ne se trouve ni dans le droit celtique, ni dans le droit romain, ni
dans le droit germanique tel que Tacite l'a décrit.

II. Sous les rois des races mérovingienne et carolingienne la
communauté n'existe pas; mais deux institutions la précèdent et
l'annoncent. Le *dotalitium*, qui absorbe le *morgengab* et la *do-*

---

1 Beaumanoir, ch. XXI, § 2.

2. Les *Olim*, t. I, p. 150, 1261.

3. Baluze, *Hist. généalogique de la maison d'Auvergne*, p. 773; transaction de
1388.

4. Ferrières sur l'art. 232 de la *Cout. de Paris*, t. I, p. 568.

natio propter nuptias, et crée dans les mœurs une espèce de société d'acquêts : le gain de survie des lois barbares et du capitulaire de 821, qui assure à la femme franque une part dans les acquêts et les meubles. Ces deux institutions sont l'expression juridique d'une situation nouvelle, et de l'influence de l'Église.

III. Dans le grand mouvement qui constitue la société féodale, la communauté des gentilshommes prend naissance par la transformation du *dotalitium* et du gain de survie des lois barbares. En effet, les devoirs du fief empêchent le *dotalitium* de former une donation de biens présents, l'incertitude de l'avenir, une donation de biens à venir. Des acquêts, le *dotalitium* passe aux propres et s'y fixe. D'une donation en pleine propriété, le *dotalitium* tourne à l'usufruit. La révolution qui se fait dans le douaire conventionnel ne compromet pas la position de la femme. Philippe-Auguste établit le douaire légal : et le droit de la veuve aux acquêts et aux meubles, se perpétue par la coutume. On ne s'aperçoit pas qu'en cessant d'être légal, en devenant coutumier, le gain de survie change de nature. La veuve noble semble invoquer un droit de succession, un droit de veuve. Elle recueille en réalité un droit de propriété.

Le droit de renoncer, conséquence naturelle d'un droit de succession, survit au droit de succession, qui disparaît. Le droit de renoncer continue à s'exercer, sur le nouveau droit coutumier de la femme à la propriété des meubles communs.

Au treizième siècle, la veuve noble ne renonce qu'aux meubles et aux dettes mobilières. Plus tard, quand la nature du fief n'est plus une raison suffisante pour écarter la femme des acquêts immobiliers, une masse commune se reforme sur laquelle le droit s'applique.

Le droit de renoncer se lie au gain de survie des lois barbares ; mais il y eut, au moment des croisades, une renaissance du droit de renoncer. Pour distinguer le mariage féodal du mariage roturier, l'orgueil aristocratique environne d'un nouveau cérémonial l'antique droit de renoncer. De là cette erreur du grand Coutumier, que la renonciation date des croisades.

Le préciput est la forme féodale de la communauté ; mais ce n'est pas la seule. La communauté bourgeoise envahit le régime matrimonial des gentilshommes.

IV. Le second élément de la communauté conjugale, l'élément capital et distinctif est la compagnie roturière ; née de l'égalité morale et pécuniaire des époux, des efforts de l'Église et du droit canonique, de la nature non féodale des valeurs mobilières, de l'absence du douaire roturier dans un grand nombre de coutumes, et surtout des nécessités sociales, qui, par une réaction universelle, précipitaient les classes inférieures dans l'association, la compagnie bourgeoise est une société volontaire.

De là cette double conséquence que la femme ne renonce pas, et que sous l'omnipotence du mari se cache une situation nouvelle, le mandat de la femme au mari associé.

De même que les gentilshommes descendent jusqu'à la compagnie roturière, de même les roturiers s'élèvent jusqu'au préciput immobilier.

V. La communauté conjugale n'est pas une compagnie à pain et à pot entre époux; à plus forte raison, ne descend-elle en aucune manière des communautés serviles.

VI. La communauté coutumière s'est donc formée du mélange de la communauté des gentilshommes et de la compagnie bourgeoise. La communauté des gentilshommes, dont l'histoire remonte aux deux premières races, apporte comme éléments définitifs la puissance maritale dans ce qu'elle a de plus absolu, le préciput et la renonciation. La communauté des roturiers contient seule le principe fondamental, l'égalité des époux dans une association volontaire, la théorie du mandat de la femme au mari associé. Au seizième siècle, les deux communautés tendent à confondre leurs règles et leurs principes. Les mœurs font un compromis : la communauté des nobles daigne accorder à la compagnie roturière son privilége de renonciation, mais la compagnie roturière impose à la communauté des nobles sa théorie du mandat au mari associé. Dès lors la position de la femme se consolide, le pouvoir du mari s'affaiblit. La jurisprudence organise les remplois, les récompenses, l'hypothèque légale. L'idée de société domine de jour en jour, et la communauté conjugale s'introduit dans le code civil, portant encore toute fraîche l'empreinte des transactions qu'elle a acceptées, des révolutions qu'elle a subies en traversant les siècles.

Paris. — Typographie de Firmin Didot frères, fils et Cie, rue Jacob, 56.

DU PASSIF

DE

LA COMMUNAUTÉ

APRÈS SA DISSOLUTION.

———

PROLÉGOMÈNES.

La communauté légale est une société de biens entre époux. Dans la communauté comme dans la société, il faut distinguer les rapports des associés avec les tiers et les rapports des associés entre eux. Au point de vue des tiers, il y a deux patrimoines, le patrimoine du mari et le patrimoine de la femme. Le patrimoine du mari comprend deux caisses, sa caisse et la caisse de la société conjugale; mais, à l'égard des tiers, ces deux caisses se confondent. Les biens du mari et les biens de la société ne forment qu'un seul patrimoine, parce que le mari a reçu mandat tacite de la femme d'administrer les biens communs. Ce mandat ne peut légitimer le droit que la loi accorde au mari de les dissiper, de les grever par ses délits, de les employer à l'acquittement de ses dettes personnelles. Il faut chercher dans l'histoire le secret de cette disposition. Les traditions de l'ancien droit et le mandat de la femme, telles sont les sources de la formule: « Quiconque a action contre le mari a action contre la communauté. » Le droit qu'a le mari de disposer des biens de la communauté pour se libérer de ses dettes est consacré par l'article 1421 ; il découle encore de la combinaison des articles 1409, 2°, et 1419, l'un qui fait tomber dans la communauté les dettes contractées par la femme avec autorisation du mari, l'autre qui donne pour ces dettes action contre le mari. Voilà donc, aux regards des tiers, les patrimoines du mari et de la communauté confondus.

Reste le patrimoine de la femme, que le mari administre selon le vœu de la loi. Ce patrimoine est le gage des créanciers personnels de la femme, qui ne peuvent en revanche poursuivre le payement de leurs créances contre les biens du mari ou contre les biens communs.

Ainsi paraît la société conjugale aux tiers, ainsi sera-t-elle définitivement : deux caisses, deux associés, le mari et la femme.

Pour arriver à ce résultat final, il faut liquider. La femme, dans l'intérêt même de la société, a donné au mari des pouvoirs très-étendus ; mais elle n'en demeure pas moins copropriétaire, coassociée. Or il y a un principe qui plane au-dessus de cette liquidation comme au-dessus de toute société, le principe que nul ne doit s'enrichir aux dépens d'autrui. Pour faciliter les comptes respectifs des époux, pour débrouiller les intérêts de chacun d'eux, on suppose qu'il y a trois patrimoines. Et en effet, dans les rapports des époux, il y en a trois. En tant qu'associés, les époux ont un intérêt spécial, distinct de leur intérêt propre ; et ce ne sera qu'après la liquidation de la société qu'on retrouvera ce qui est au fond des choses : deux caisses, deux associés, le mari et la femme.

La communauté a un actif et un passif : l'actif, c'est l'apport conjugal. Dans le silence des époux, la loi le détermine. L'actif et le passif suivent une marche parallèle. Il y a corrélation entre la masse des biens communs et la masse des dettes communes ; mais cette corrélation n'existe complétement qu'entre l'actif et le passif définitif de la communauté.

Le passif doit être étudié à deux époques distinctes : pendant la durée de la communauté, et après la dissolution de la communauté.

Je distingue dans le passif, pendant la communauté, quatre classes de dettes :

1° Les dettes de l'article 1409, qui sont à la charge définitive de la communauté, et que Pothier appelle dettes de communauté;

2° Les dettes que la loi présume établies dans l'intérêt de la communauté, et dont celle-ci doit faire l'avance. Ces dettes, qui sont comprises aussi dans l'article 1409, forment un passif provisoire de la communauté, et naissent de cette formule : « Quiconque a action contre le mari a action contre la communauté. »

3° Les dettes non comprises dans l'art. 1409, mais que d'autres articles permettent dé poursuivre contre la communauté. Ce sont les dettes du mari, dont le mobilier est confondu avec les biens communs, biens que les créanciers peuvent atteindre, en exerçant les droits du mari (art. 1421 et 1166 combinés). Ce qui caractérise cette troisième classe de dettes et la sépare des deux autres, c'est que le droit de poursuite des créanciers contre la communauté ne peut pas survivre à l'existence de la communauté.

4° Les dettes qui ne peuvent jamais être poursuivies sur les biens communs.

Ceci posé, essayons de ranger dans ces quatre classes les différentes dettes des époux pendant la communauté.

1° Dans la première classe, c'est-à-dire dans la classe des dettes qui restent définitivement à la charge de la communauté, parce qu'elles sont dans son intérêt, nous proposons de placer :

Les dettes mobilières des époux antérieures au mariage et non relatives aux propres;

Les dettes contractées par le mari, sans charge de récompense;

Les dettes contractées par la femme autorisée du mari et non relatives aux propres;

Les dettes des successions ou donations mobilières échues au mari, ou échues à la femme et acceptées avec l'autorisation du mari;

Les dettes des successions mixtes échues au mari ou à la femme, autorisée par lui, pour la portion contributoire du mobilier;

Les intérêts des dettes personnelles des époux;

Les dettes de la femme autorisée de justice dans le cas de l'article 1427.

2° Dans la seconde, qui comprend les dettes présumées établies par la loi dans l'intérêt de la communauté, desquelles dettes la communauté est tenue de faire l'avance à l'égard des tiers, rentrent :

Les dettes mobilières des époux antérieures au mariage et relatives à des propres ;

La portion des dettes des successions mixtes à la charge des immeubles, quand la succession a été acceptée par le mari ou par la femme, autorisée du mari, ou même de justice, s'il y a eu confusion, faute d'inventaire ;

Les dettes contractées par le mari, relativement à ses propres ;

Les dettes contractées par la femme autorisée du mari, relativement à ses propres, sauf dans les cas prévus par les articles 1413, 1432, 1438, cas qui rentrent dans notre quatrième classe.

3° Dans la troisième classe, nous rangeons ces dettes du mari, non comprises dans l'article 1409, qui ne tombent pas à la charge de la communauté, mais qui, tant que dure la communauté, peuvent être poursuivies sur ses biens, sauf récompense. La communauté est provisoirement exposée, non pas qu'il y ait pour elle présomption légale d'intérêt, mais parce qu'il y a confusion entre les biens communs et les biens du mari. Ces dettes sont :

Les dettes immobilières du mari antérieures au mariage ;

Les dettes des successions immobilières à lui échues ;

Les dettes qui sont nées de ses délits.

4° Enfin, la quatrième classe embrasse les dettes qui ne tombent jamais dans la communauté, et qui restent personnelles aux époux, telles que ;

Les dettes immobilières de la femme antérieures au mariage ;

Les dettes mobilières n'ayant pas date certaine avant cette époque ;

Les dettes des successions immobilières échues à la femme (art. 1413) ;

Les dettes qu'elle a contractées personnellement pour établir un enfant commun ;

La dette de garantie pour la vente d'un propre de la femme, simplement autorisée par le mari (1432).

Ce classement des dettes est fait au point de vue du droit de poursuite. Relativement aux créanciers, une dette est commune ou personnelle, selon que le payement peut en être poursuivi, ou sur les biens communs seulement, ou sur les propres d'un époux seulement. Elle est tout à la fois commune et personnelle, quand le payement peut en être poursuivi sur les propres d'un époux ou même de tous deux, ou sur les biens communs.

Si nous envisageons le passif de la communauté au point de vue des époux et du droit de contribution, il n'y a plus qu'un passif, le passif définitif. Et en effet, pour que le droit de contribution soit en jeu, il faut que la communauté soit dissoute. Quant au classement des dettes entre époux, il est très-simple. Il faut distinguer, d'une part, les dettes qui doivent être supportées définitivement par la communauté ; de l'autre, celles qui doivent être supportées définitivement par les époux. Pour les premières, la dette est commune, et pour les secondes personnelle. La dette ne saurait être pour les époux personnelle et commune en même temps.

Je vais plus loin : une dette, qui à l'égard du créancier est tout à la fois une dette personnelle et une dette de communauté, peut entre les conjoints n'être qu'une dette commune, et donner ouverture, en faveur de l'époux qui l'aura sur ses propres biens acquittée, à une récompense contre la communauté : témoin les dettes mobilières dont la femme était grevée au jour de la célébration de son mariage (art. 1486) ; réciproquement, une dette qui, à l'égard du créancier, est en même temps dette de communauté et dette personnelle, peut entre les époux n'être qu'une dette personnelle, et donner lieu au profit de la communauté des deniers de laquelle elle aura été acquittée, à une récompense contre l'époux débiteur. Ainsi des dettes que la femme a dans un intérêt personnel contractées avec l'autorisation de son mari (art. 1409, 2°).

On voit que la signification de ces mots : dettes de communauté, dettes personnelles, varie selon le point de vue sous lequel on considère les dettes des conjoints communs en biens, et surtout selon qu'il s'agit de leurs rapports avec les tiers (droit de poursuite) ou de leurs rapports entre eux (droit de contribution).

J'aborde maintenant la question du passif de la communauté après sa dissolution. Une division toute naturelle s'offre à nous, suivant que la femme accepte ou n'accepte pas la communauté. La femme accepte-t-elle ? le passif de la communauté veut être étudié à un double titre. Il faut successivement examiner ce que chaque époux doit payer aux créanciers provisoirement, et sauf recours contre le conjoint, l'obligation aux dettes ; et ce que chaque époux doit supporter définitivement dans ses rapports avec son conjoint, la contribution aux dettes. La femme renonce-t-elle? cette distinction n'est plus nécessaire. La femme perd tout droit sur les biens communs. Les dettes de la communauté restent à la charge du mari. Mais quant aux dettes entrées dans la communauté de son chef, et pour lesquelles elle s'est personnellement obligée, la femme peut être poursuivie, sauf son recours contre le mari pour le tout.

Tel est l'ensemble de la matière dans le détail de laquelle il faut entrer.

CHAPITRE I.

DU PASSIF DE LA COMMUNAUTÉ APRÈS L'ACCEPTATION DE LA FEMME.

SECTION I.

Du droit de contribution.

La communauté est dissoute. Pour reconnaître les biens communs et constituer le *quantum* de la masse partageable, les époux rapportent fictivement les sommes que la communauté a déboursées à titre d'avance, reprennent leurs biens propres, et prélèvent ce dont la communauté est débitrice envers les époux. L'actif est connu; chaque époux en prend la moitié (art. 1474). Quant au passif, il commence à se dégager; en appliquant la théorie des récompenses, la loi fixe sa composition définitive. On reconnaît quelles sont les dettes qui doivent rester définitivement à la charge de la communauté. Nous les avons rangées dans la première section de notre classement.

L'article 1467 porte : « Après l'acceptation de la communauté par la femme ou ses héritiers, l'actif se partage, et le passif est supporté de la manière ci-après déterminée. » D'où vient cette différence entre l'actif et le passif? De ce qu'en réalité le passif ne se partage point. En effet, que partage-t-on? Les choses qui sont dans l'indivision. Or les dettes ne sont pas dans l'indivision :

elles se divisent de plein droit entre les époux, comme elles se divisent de plein droit, en matière de succession, entre les héritiers du débiteur (art. 1220). Ce que nous disons des dettes, il faut le dire des créances; en sorte que si la communauté ne comprenait que des créances et des dettes, il n'y aurait pas de partage à faire, l'art. 1490 réservé. Mais dans quelle proportion chacun des époux supporte-t-il le passif? L'art. 1482 répond à cette question en posant le principe : « Les dettes de la communauté sont pour moitié à la charge de chacun des époux ou de leurs héritiers. » On voit qu'il y a corrélation entre l'art. 1474 et l'art. 1482. La rédaction de l'art. 1482 est digne d'attention ; cet article ne dit pas que les époux ou leurs héritiers sont tenus pour moitié, comme le dit l'art. 873, à l'égard des héritiers; il énonce seulement que les dettes sont à la charge des époux pour moitié, c'est-à-dire que les époux doivent contribuer aux dettes pour une moitié. Il ne faut donc pas confondre la contribution et l'obligation. L'obligation peut être plus forte que la contribution. Un époux peut payer plus que ce qu'il doit, volontairement ou forcément; volontairement, c'est le cas de l'art. 1488 ; forcément, au cas où un époux s'est obligé personnellement à payer une dette de communauté, au cas où un époux est obligé de payer une dette de communauté comme détenteur d'un immeuble hypothéqué; mais, remarquons-le, dans tous ces cas il n'y a pas exception au principe de l'art. 1482; car si l'un des époux a payé plus que ce qu'il doit, il aura recours contre l'autre époux pour ce qu'il aura payé de trop (art. 1490, 2°).

Ce principe reçoit trois exceptions dans les articles 1490, 1483 et 1431.

La première découle de l'art. 1490. Les époux ou leurs représentants sont libres, en partageant la communauté, de fixer comme ils l'entendront la proportion dans laquelle chacun devra contribuer au passif. La loi ne prend la parole que parce que les parties ont gardé le silence.

La seconde est contenue dans l'article 1483. La femme, dans le cas où la moitié du passif dépasserait la valeur de ce qu'elle a pris dans l'actif, ne contribue aux dettes que jusqu'à concurrence de cette valeur, le surplus retombant alors à la charge du mari ou de ses représentants. Ce bénéfice est soumis à la condition qu'elle ne garde plus rien des biens de la communauté; or cette preuve ne peut résulter que d'un inventaire et d'un compte rendu. Exemple : La dette était de 80,000 francs dans une communauté dont l'actif s'élevait seulement à 60,000. Si le mari, poursuivi par le créancier, acquitte en totalité la dette de 80,000 francs, il aura un recours contre la femme, sans doute; mais ce recours sera non pas de 40,000, mais de 30,000 francs, si la femme prouve que ces 30,000 francs forment tout son émolument dans la communauté. L'émolument est le montant de ce qui revient à la femme de la communauté, les prélèvements et les reprises opérés.

Je reviendrai sur ces points avec détail quand je traiterai de l'obligation aux dettes. Je me borne à noter une différence entre le cas où le bénéfice s'exerce contre le mari et le cas où il s'exerce contre les créanciers. Dans le premier cas, le bénéfice est opposable au mari pour toutes les dettes tombées à la charge de la communauté sans distinction, tandis qu'il ne peut être opposé aux créanciers que pour les dettes dont la femme est tenue en sa qualité de commune, et sans y être obligée personnellement.

Sous un autre point de vue, la prérogative de la femme est plus étendue à l'égard du mari qu'à l'égard des créanciers. Relativement aux créanciers, la femme est déchue de son privilége si elle a négligé de faire un bon et loyal inventaire; relativement au mari, l'inventaire n'est pas nécessaire, l'acte de partage peut le remplacer. En effet, l'acte de partage constate quel est l'émolument de la femme. Les époux acceptent le partage comme constatant cet émolument, et ils ont pu le faire, puisqu'ils peuvent par des conventions particulières régler leur participation aux dettes. L'acte de partage ne remplace pas l'inventaire pour les tiers; pour eux, en effet, il est *res inter alios acta*[1].

Enfin, je trouve une troisième exception dans l'article 1431. Lorsque la femme s'oblige solidairement avec son mari, elle est présumée s'être obligée dans l'intérêt de la communauté ou même du mari; la solidarité produit son effet à l'égard du créancier. Le créancier peut agir indifféremment pour la totalité de la dette contre le mari ou contre la femme, sans que celle-ci puisse opposer le bénéfice de division ou de discussion; mais la femme est réputée simple caution à l'égard du mari : en conséquence, à la dissolution de la communauté, la femme aura le droit de se faire indemniser. Lorsque la femme s'est obligée solidairement dans

---

1. Cours de M. Valette. — Pont et Rodière, t. 1, 862.

l'intérêt de son mari, l'indemnité, la récompense sera prise sur les biens personnels du mari, ou, ce qui est la même chose, sur sa part dans la communauté (art. 1478) ; mais lorsqu'elle s'est obligée solidairement dans l'intérêt de la communauté, que décider ? La femme a payé le tout. Pour la moitié de la dette qu'en qualité de commun le mari doit supporter, la femme exercera son recours contre la communauté par voie de prélèvement, et au besoin sur les propres du mari ; quant à l'autre moitié, à celle qu'elle doit supporter, elle n'est tenue de faire confusion sur elle-même que dans la limite de son émolument constaté par inventaire (art. 1483). Or cet émolument n'atteint pas la moitié de la dette. La femme aura recours pour tout ce qui excède son émolument. Ainsi le principe de la contribution par moitié de l'article 1482 reçoit son exception dans l'art. 1431, en ce sens que la dette solidaire de la femme est présumée contractée dans l'intérêt exclusif du mari, et que si la femme a payé le tout, elle a, jusqu'à preuve du contraire, recours pour le tout.

Quelques auteurs exigent de la femme la preuve qu'elle s'est obligée dans l'intérêt personnel du mari [1] ; cette preuve, pour plusieurs motifs, me semble incomber au mari. Le premier est que, si l'art. 1431 n'était que le corollaire de l'art. 1216, il serait inutile, puisqu'en l'absence de l'art. 1431, on aurait appliqué l'art. 1216. D'ailleurs ces mots de l'art. 1431, « n'est réputée s'être obligée que comme caution, » semblent indiquer une présomption légale qui ne rentre pas dans l'art. 1216. La seconde raison est la raison historique. Dans l'ancien droit, on avait remarqué que, le plus généralement, la femme qui s'obligeait avec son mari s'obligeait pour garantir la dette de son mari, et on avait donné à la femme action contre le mari. En adoptant la même solution, le code a adopté les mêmes motifs, et il a établi en faveur de la femme contre le mari une présomption légale que celui-ci peut, il est vrai, faire tomber par tous les moyens. Enfin, ce système a été adopté par la jurisprudence ; c'est une troisième raison.

Ce que je dis des obligations solidaires, je le dis également des obligations conjointes. Ici encore la femme sera réputée simple caution, quoiqu'il s'agisse d'une affaire de communauté. Sans

---

1. Marcadé, art. 1431, § 1. — Boileux, art. 1431. — *Contra :* Pont et Rodière, t. 1. n. 607. — Dalloz, n. 1037.

doute, au lieu de pouvoir demander le tout à la femme, les créanciers ne pourront plus lui demander que la moitié; mais, pour cette moitié, la femme jouira, jusqu'à preuve du contraire, de la présomption légale que l'obligation a été contractée dans l'intérêt du mari.

Parmi les dettes que la loi met à la charge de la communauté, il faut remarquer une classe d'obligations qui ne sont pas nées pendant sa durée, mais à l'occasion de sa dissolution. Comme elles sont dans l'intérêt de la masse, il est naturel qu'elles soient supportées pour moitié par les époux (Art. 1482, *in fine*).

En définitive la contribution est due : 1° ou pour la quotité imposée à chaque époux dans la convention ; 2° ou, à défaut de convention, pour moitié par chacun d'eux.

SECTION II.

De l'obligation aux dettes.

La section du code que nous expliquons a pour titre : *Du passif de la communauté et de la contribution aux dettes*. Le législateur a voulu désigner par là qu'il entendait expliquer séparément les règles sur la proportion dans laquelle chacun des époux pouvait être poursuivi par les créanciers, et sur la proportion dans laquelle chacun d'eux devait définitivement supporter la dette. Nous allons parler de l'obligation de répondre à la poursuite des créanciers.

L'obligation aux dettes n'est nullement modifiée par cette circonstance qu'une dette est provisoirement ou définitivement à la charge de la communauté. L'étendue des droits du créancier est déterminée par l'origine de la créance. Nous aurons donc à examiner comment chacun des époux est tenu.

Il peut être tenu en vertu d'un engagement personnel, ou en qualité de commun, ou comme détenteur.

S'il a contracté personnellement, il est tenu pour le tout. L'existence de la communauté ne peut pas modifier le droit qu'ont les créanciers de poursuivre leur débiteur pour la totalité de la dette ; mais, s'il est engagé comme commun, il ne doit l'être que pour sa part dans la communauté, c'est-à-dire pour moitié.

Telles sont les règles générales sur l'obligation aux dettes. Nous ajouterons que le créancier n'est pas obligé de baser ses poursuites sur les règles de l'obligation; il pourrait, s'il le voulait, les baser sur les règles de la contribution.

§ 1. — *Obligation du mari.*

I. Le mari est personnellement obligé, et partant il peut être poursuivi pour la totalité :

1° Des dettes mobilières contractées par lui avant son mariage [1]. Le contrat de mariage, qui a pu modifier cette obligation entre les époux, ne peut pas être opposé aux tiers, pour lesquels il est *res inter alios acta!*

2° Des dettes contractées pendant la communauté. Dans l'ancien droit, la question s'était élevée de savoir si le mari s'obligeait personnellement ou comme commun. Bacquet estimait qu'il en était tenu comme commun, pour moitié [2]. « Cette opinion, dit Pothier, reposait sur un faux principe. Le mari, *constante communione*, ne contracte pas seulement comme chef de communauté, mais aussi en son propre nom [3]. Les personnes qui contractent avec lui, *ejus fidem sequuntur.* » Le système de Pothier est consacré par l'art. 1484, qui ne distingue pas entre les dettes contractées avant ou pendant le mariage. Le mari est donc tenu pour le tout.

3° Même décision pour les dettes des successions mobilières ou immobilières qui échoient au mari pendant le mariage.

4° Supposons maintenant que le mari ait contracté conjointement avec sa femme. Quelques jurisconsultes appliquent, en ce cas, l'article 1202; le mari, suivant eux, devra personnellement sa moitié, la femme l'autre moitié; mais comme la femme a contracté avec l'autorisation du mari, la dette est tombée dans la communauté. La dette alors se partage et le mari, outre sa moitié, paye la moitié de la moitié que supporte sa femme : en un mot, les trois quarts. Cette théorie a été rejetée dans l'ancien droit. « La raison de décider n'est pas seulement, comme dit

---

1. Renusson, 2e partie, ch. VI, n. 2. — Pothier, *Com.*, n. 729. — Code Napoléon, art. 1484.

2. Bacquet, *Traité des droits de justice*, ch. XXI, n. 135.

3. Pothier, *Com.*, n. 729. — Lebrun, p. 313, n. 13. — Duranton, n. 493. — Toullier, t. XIII, n. 334. — Cours de M. Valette.

Toullier [1], que cette dette soit une dette de communauté, et que partant elle soit due en totalité, en vertu de l'art. 1484. La raison est, suivant Pothier [2], que, lorsqu'on fait intervenir une femme à l'obligation de son mari, l'intention des parties est de procurer une plus grande sûreté aux créanciers, plutôt que de partager et de diminuer l'obligation du mari. » Et Lebrun avait dit [3] : « Quelle est la raison de cette décision, qui est d'un usage certain ? C'est, à mon avis, que le mari étant seul maître de la communauté, qu'il peut soutenir ou ruiner à son gré, il est vrai de dire que les créanciers suivent absolument sa foi, quand ils contractent avec lui et la femme, qui d'ailleurs est censée toujours intercéder quand elle s'oblige avec son mari à cause de l'autorisation conjugale. » Nouvel exemple que le mari est tenu pour le tout quand il s'engage pendant la communauté. Une question s'était présentée dans l'ancien droit : lorsque le mari et la femme ont contracté une dette conjointement avec *Primus*, par exemple un emprunt, pour déterminer l'obligation de *Primus*, le mari et la femme seront-ils considérés comme formant une seule personne, ou comme représentant la communauté ? Il paraît que la jurisprudence du Châtelet de Paris [4] admettait que le troisième obligé n'était tenu que pour un tiers ; et Dumoulin [5], dans un cas analogue, semble avoir adopté cet avis. Renusson [6] pense aussi que le mari et la femme sont présumés avoir reçu les deux tiers des deniers empruntés. Nous ne voyons pas de raison pour déroger à l'ancien droit ; seulement le créancier, qui ne peut attaquer la femme que pour un tiers, pourra demander les deux tiers au mari, ainsi que nous l'avons dit ci-dessus.

5° Aucun doute ne s'élève relativement aux dettes contractées solidairement avec la femme. Le mari en est tenu pour le tout.

Jusqu'à présent nous avons vu des dettes qui procèdent du mari : que déciderons-nous pour les dettes provenant de la femme ?

6° Quant aux dettes contractées par la femme avec autorisation du mari, le mari est tenu pour le tout. J'invoque en ce sens

1. Toullier, XIII, n. 231.
2. Pothier, *Com.*, n. 729.
3. Lebrun, liv. II, ch. III, § 17. — Renusson, *Com.*, part. II, ch. VI, n. 12.
4. Bacquet, *Droits de justice*, ch. XXI, n. 36.
5. Dumoulin, *Tractat. commerc. et usur.*, n. 295.
6. Renusson, part. II, ch. VI, n. 27.

les art. 1409 et 1419. L'art. 1409, 2°, en composant le passif de
la communauté, met sur la même ligne les dettes contractées par
le mari et par la femme du consentement du mari. Il les déclare
dettes de communauté quant aux tiers ; le point est notable.
D'autre part, l'art. 1419, confirmant un ancien principe, suppose implicitement que la dette contractée par la femme autorisée du mari, l'a été dans un intérêt social. Les tiers ont dû
compter pour leur gage et sur les biens de la communauté, et
sur ceux du mari. Le mari est censé avoir contracté par l'inter-
médiaire de sa femme. Vainement dira-t-on que le droit de poursuite est né du principe : *Quiconque a action contre la communauté a action contre le mari*, et que ce droit s'éteint avec la
communauté. Cela est vrai pour les dettes qui ne peuvent être
poursuivies sur les biens de la communauté, qu'à cause de la
confusion entre les biens communs et les biens du mari, en un
mot, pour les dettes de notre troisième catégorie ; mais cela
n'est pas vrai pour les dettes des art. 1409, 2°, et 1419. Il y a
dette de communauté, toutes les fois qu'on rentre dans l'art. 1409,
et la dissolution de la communauté ne peut changer la nature
des droits du créancier. Dans le cas de l'art. 1409, 2°, le mari est
intervenu, c'est son intervention qui est la source du droit des
créanciers. Dans l'ancien droit, personne ne doutait que la femme
autorisée ne représentât le mari : présomption essentiellement
protectrice du droit des tiers ; l'art. 1484 favorise ce système.
Tout le monde reconnaît que le mari qui s'est obligé conjointement avec sa femme est tenu pour le tout : Pothier le déclare
formellement ; mais, comme l'autorisation semblait cacher un engagement de la communauté, Pothier ne pose même pas la question pour le cas où le mari a autorisé sa femme. Si le mari est
tenu pour le tout, lors même qu'il a paru avoir voulu restreindre
son obligation à moitié, lorsqu'il a donné son autorisation à la
femme, ne semble-t-il pas *à fortiori* s'être engagé à payer le tout ?
— On m'opposera peut-être l'art. 1485 ; mais cet article ne concerne pas les dettes où le mari est personnellement intervenu, et,
quand il fixe l'obligation à moitié, il entend parler des cas où le
mari n'est tenu que comme commun : ainsi, par exemple, dans
les cas de dettes mobilières de la femme antérieures au mariage,
et de dettes de successions mobilières ou mixtes échues à la
femme pendant le mariage. L'art. 1485 a été puisé dans Pothier,
et c'est ainsi que Pothier comprend les choses ; étendre l'art. 1485

à d'autres dettes serait, j'ose le dire, violer l'esprit de la loi.

Je conclus : toutes les fois que le mari a autorisé sa femme, il sera poursuivi pour le tout, même après la dissolution de la communauté, sauf 1432 et 1438 : 1432, si le mari a simplement autorisé la femme à vendre un de ses immeubles sans se rendre garant de la vente, il n'est point responsable de la garantie; 1438, si le père et la mère ont doté conjointement l'enfant commun, sans exprimer la portion pour laquelle ils entendaient y contribuer, ils sont censés avoir contribué chacun pour moitié.

7°. Il semble plus difficile d'appliquer notre système aux dettes contractées avec l'autorisation de justice dans les cas de l'art. 1427. « Le mari, dit l'art. 1484, est tenu pour la totalité des dettes de la communauté par lui contractées. » Or on ne peut pas dire que les dettes contractées sans lui ou malgré lui soient par lui contractées. Nonobstant, le mari, ce me semble, doit être poursuivi pour la totalité. Dans les deux cas de l'art. 1427, la femme joue le même rôle à l'égard des tiers que dans l'art. 1419. L'art. 1419 suppose que le mari peut donner son consentement; l'art. 1427 suppose qu'il ne le peut pas. La loi, dans ces deux hypothèses, ne veut pas que l'intérêt commun souffre des obstacles mis à la libre autorisation du mari. Elle fait de la femme pour un moment le représentant du mari lui-même et de la communauté. En représentant la communauté la femme représente le mari, et partant les tiers ont dû compter sur lui.

Maintenant dans quels cas le mari sera-t-il tenu pour moitié comme commun? Dans tous les cas où il ne sera pas personnellement obligé.

Et d'abord pour les dettes de l'art. 1409, 1°, modifié par l'art. 1410 : dettes mobilières de la femme antérieures au mariage, dettes de successions mobilières échues à la femme pendant le mariage; car, comme dit Lebrun, il n'est pas vrai que le créancier ait suivi la foi du mari. Il semblera peut-être singulier qu'après avoir fait poursuivre le mari pour la totalité des dettes de 1409, 2°, nous ne le fassions poursuivre que pour la moitié des dettes de 1409, 1°. Mais ne voit-on pas la distance qui sépare ces deux hypothèses? quelle sensible différence il y a entre les dettes antérieures au mariage et celles des successions mobilières échues à la femme d'une part, et de l'autre les dettes contractées par la femme autorisée du mari? Pour les dettes antérieures au mariage, le mari n'est pas obligé personnellement. Il est tenu pour le tout pendant le mariage comme chef de la communauté, qui, en recevant tout le mobilier des époux, doit supporter leurs dettes mobilières; mais, après la dissolution de la communauté, le chef de la communauté devient commun, et en cette qualité seule il apparaît aux regards des créanciers.

Quant aux dettes des successions mobilières échues pendant le mariage, il y a plus : il y a autorisation du mari à la femme d'accepter la succession, mais cette autorisation n'a pas pour but direct d'engager le mari. L'acceptation d'une succession n'a d'autre effet que d'enlever à l'héritier la faculté de renoncer. Si l'héritier est tenu, c'est comme représentant du défunt : ce n'est point comme débiteur personnel. Les créanciers de la succession ne sont pas primitivement les créanciers du mari, mais du *de cujus* et de la femme. Ils peuvent poursuivre le mari pendant le mariage, mais en raison de la confusion des biens, en raison du principe : Quiconque   action contre la communauté a action contre le mari. Aussi la communauté cessant, le mari n'est engagé que comme commun. C'est la solution qu'adopte Pothier (n° 730), contre quelques auteurs qui, s'appuyant à tort sur le droit de poursuite que les créanciers pendant le mariage auraient pu exercer pour la totalité, décidèrent que, même après la dissolution, le mari était toujours tenu pour le tout. Il est impossible de ne pas reconnaître que le code en cette matière a presque tout emprunté à Pothier, et Pothier nous disant que pour les dettes de communauté que le mari n'a pas lui-même contractées, mais qui procèdent du chef de la femme, le mari était tenu pour moitié, il est facile de reconnaître l'origine et l'étendue de l'art. 1485. Je vais plus loin, et je crois que l'art. 1485 comprend non-seulement les dettes de la femme antérieures au mariage, et les dettes des successions échues durant la communauté, mais encore les dettes mobilières de la femme relatives à des immeubles propres, et antérieures au mariage. En effet, elles sont tombées à la charge de la communauté, sauf récompense de la part de la femme. L'art. 1409, 1°, est formel à cet égard.

Restent les dettes personnelles à la femme, qui ne sont point tombées dans la communauté, comme les dettes mobilières qui n'ont pas reçu de date certaine antérieure au mariage (art. 1410); les dettes d'une succession immobilière acceptée avec autorisation de justice (art. 1413); les dettes de la femme non autorisée par le mari, contractées ou provenant d'elle pendant le mariage, et ne rentrant pas dans les cas de l'art. 1427. A toutes ces dettes l'art. 1485 est étranger, et le mari ne peut pas être poursuivi.

Ici s'élève une question gravement controversée. Dans l'hypothèse où les biens de la femme seront insuffisants pour acquitter même une moitié, le créancier pourra-t-il contraindre le mari à fournir, en outre de la moitié dont il est tenu, le complément de ce que la femme n'a pas payé ... allier tenait l'affirmative, mais par de faux arguments il a compromis la ju... cause qu'il soutenait. Toute la difficulté réside dans l'article 1485. Si l'art. 1485, disait-il, ne déclare le mari tenu que pour moitié, c'est que cet article doit se combiner avec l'article 1483, qui, en permettant à la femme de ne répondre à la poursuite des créanciers que dans la mesure de son émolument, autorise par cela même le créancier à poursuivre le mari pour tout l'excédant de cet émolument. Donc l'art. 1485, quand il parle de moitié, se réfère aux cas ordinaires, et l'art. 1483 au cas spécial du bénéfice d'inventaire. On a très-bien répondu : Le bénéfice de l'art. 1483 n'appartient à la femme que pour les dettes dont elle est tenue en sa qualité de commune par moitié. Or il s'agit ici de dettes personnelles, de ces dettes que les créanciers peuvent lui réclamer en totalité, et auxquelles l'art. 1483 ne s'applique pas. Mais de ce que la loi décide pour les dettes communes, on peut, ce me semble, tirer un argument d'analogie pour le cas des dettes personnelles. D'autre part, si la femme ne peut invoquer le bénéfice de l'art. 1483 contre les créanciers, elle peut l'invóquer contre son mari : car le bénéfice, non opposable aux créanciers pour les dettes personnelles, l'est au mari pour toutes les dettes tombées en communauté sans distinction. Or, si la femme a le droit de recourir contre son mari pour tout ce qui dépassera son émolument, ses créanciers peuvent aussi exercer ce droit en vertu de l'art. 1166. En présence de l'art. 1483, les créanciers de la femme ne peuvent agir par une action personnèlle, *proprio jure*, contre le mari; mais rien ne les empêche d'agir *jure debitoris* au nom de la femme. L'art. 1166 ne reçoit pas à cette occasion d'exception. Et d'ailleurs, comment comprendre le système contraire? Un mari trouverait dans l'insolvabilité de sa femme l'avantage de ne point lui payer ce qu'il lui payerait si cette femme était plus riche? La proportion de ce que payera le mari dépendra de la question de savoir si la femme a des propres ou si elle n'en a pas! Car, si elle en a, comme elle ne peut pas invoquer le bénéfice d'inventaire contre les créanciers, elle payera, mais sauf son recours contre le mari, qui lui remboursera ce qu'elle aura payé; si elle n'en a pas, elle ne payera pas, et n'ayant pas payé, elle n'aura point de recours contre le mari, ce qui ferait peser la perte sur les créanciers : voilà le résultat où le système contraire arrive, résultat qui me semble tout à fait injuste en présence de l'art. 1166. Quant à l'argument de l'art. 1485, on peut l'écarter, en soutenant que cet article ne prévoit pas ce cas. Le code, je le répète, est la reproduction fidèle, en cette matière, de la pensée de Pothier. Or Pothier, après avoir tracé la règle de l'art. 1485, et expliqué pourquoi le mari, n'ayant pas lui-même contracté ces dettes, n'en est tenu que pour moitié, ajoute : « Sauf que si les biens de communauté échus par partage aux héritiers de la femme n'étaient pas suffisants pour écarter l'autre moitié, le mari serait encore tenu envers les créanciers de ce qui s'en manquerait, comme il l'est envers les héritiers. » Pothier, dans la même phrase, trace la règle et l'exception. L'article 1485 reproduit la règle. De ce que le code n'a pas parlé de l'exception, faut-il conclure que le législateur ait voulu la supprimer? Nullement. S'il n'en a pas parlé, c'est qu'il était inutile de le faire. Les art. 1483 et 1166 suffisent entièrement pour trancher la question. Je sais bien qu'on ne peut pas dire ici que le mari soit personnellement tenu; je sais bien que le mari n'est pas personnellement tenu, et que les créanciers n'ont pas dû, à l'origine de la dette, compter sur lui; mais, en fait, grâce à l'acceptation par le mari du régime de la communauté, les créanciers n'ont-ils pas eu provisoirement le mari pour débiteur? et par cela même leur position n'est-elle pas favorable? Il faut que la perte soit supportée par quelqu'un. Est-il plus juste qu'elle le soit par les créanciers que par le mari? Comment punir les créanciers de n'avoir pas poursuivi le mari pendant la communauté, et comment le mari oserait-il leur reprocher d'avoir été trop indulgents pour lui? J'adopte donc la solution de Pothier : elle assure le crédit du mari, ne pousse point les créanciers à user de rigueur contre le mari durant le mariage, ne fait pas dépendre la responsabilité du déficit de la question de savoir si la femme a ou n'a pas de propres, s'appuie sur l'ancien droit, et en définitive ne trouve pas dans le code d'insurmontables obstacles [1].

---

1. Dans notre sens : Pothier, n. 730. — M. Bugnet sur Pothier, p. 369, n. 2. — Cours

III. Nous arrivons à la troisième qualité que peut avoir le mari vis-à-vis des créanciers, à la qualité de détenteur. D'après l'article 1489, celui des deux époux qui, par l'effet de l'hypothèque exercée sur l'immeuble à lui échu en partage, se trouve poursuivi pour la totalité d'une dette de communauté, a de droit son recours pour la moitié de cette dette contre l'autre époux ou ses héritiers. La poursuite pour la totalité contre l'époux détenteur de l'immeuble hypothéqué se justifie par l'indivisibilité de l'hypothèque. Cette décision ne présente aucune difficulté en ce qui concerne le droit de poursuivre les immeubles tombés dans le lot du mari.

En définitive, pour résumer les droits des créanciers, nous dirons que le mari peut être poursuivi pour la totalité, toutes les fois qu'il est personnellement intervenu, et même dans trois cas : 1° lorsque l'immeuble tombé dans son lot est hypothéqué ; 2° lorsque la femme s'est engagée avec autorisation de justice dans les cas de l'art. 1427 ; 3° et même si la part de la communauté et les propres de la femme ne suffisent pas pour atteindre la moitié des dettes dont le mari n'est ordinairement tenu que comme commun. Le mari peut être poursuivi comme commun, et n'est tenu que de la moitié pour les cas de l'art. 1485, tels que nous les avons expliqués ci-dessus. Enfin il ne peut pas être du tout poursuivi pour les dettes personnelles à la femme, et qui ne sont pas tombées dans la communauté.

§ 2. — *Obligation de la femme.*

La femme peut être obligée à l'un ou à l'autre de ces trois titres : 1° en vertu d'un engagement personnel ; 2° en qualité de commune ou d'associée ; 3° enfin comme détenteur. Nous ferons successivement à la femme, comme nous avons fait au mari, l'application de ces trois hypothèses.

I. Supposons la femme personnellement obligée, elle sera tenue pour le tout ; elle l'est donc pour les dettes contractées avant le mariage : car le contrat de mariage est pour les tiers *res inter alios acta* ; et de même pour les dettes grevant les successions mobilières à elle échues pendant le mariage, pour les dettes con-

de M. Perreyve. — Marcadé, art. 1485, § 2. — Toullier, xiii, 241. — Contre : Zacharia, III, p. 199. — Pont et Rodière, I, 857.

tractées avec l'autorisation du mari ou de justice. A ceci il n'y a qu'une exception : au cas où la femme s'est obligée avec son mari conjointement. Le mari, dans l'obligation conjointe, peut être poursuivi pour le tout, mais la femme seulement pour moitié ; et la raison en est simple : l'obligation du mari est réputée principale, et les créanciers sont censés n'avoir fait intervenir la femme que pour augmenter leurs sûretés. Si la femme ne peut être actionnée que pour la moitié de la dette, en revanche elle est pour cette moitié débitrice personnelle, et ne peut pas invoquer le bénéfice de l'art. 1483. Aussi, lorsqu'une femme commune contracte personnellement, le créancier aura bien plus d'intérêt à faire obliger la femme avec autorisation du mari que conjointement avec lui. Dans le premier cas elle est tenue pour le tout, dans le second pour moitié.

II. La femme est obligée comme commune. Pour les dettes antérieures au mariage provenant du mari, les dettes des successions mobilières échues au mari pendant le mariage, les dettes contractées par le mari pendant le mariage, la femme n'est obligée que pour moitié.

Mais il peut s'élever dans le partage des contestations, pour savoir si une dette est ou n'est pas entrée dans la communauté, c'est-à-dire si elle a été contractée réellement par le mari avant ou après la communauté. Supposons la question débattue. A qui la preuve? Est-ce aux créanciers à prouver la vérité de la date? est-ce à la femme à en prouver la fausseté? Je crois [1], avec la cour de cassation (8 septembre 1807), qu'il faut s'en tenir au principe de l'art. 1328, et décider que les actes sous seing privé n'ayant pas date certaine ne donnent aux créanciers aucun droit contre la femme. Quand la date est certaine, que la dette est bien dette de la communauté, la femme peut être poursuivie pour moitié. Si la femme paye plus que cette moitié, aura-t-elle contre le créancier une action en répétition? Renusson disait oui [2]; Lebrun, Pothier [3] et l'art. 1488 disent non. La raison de décider est qu'il est permis à chacun de renoncer à son privilége, et que la femme est censée y avoir renoncé quand elle paye pour le mari, véritable débiteur; mais si la femme, dans la

---

1. Contre: Troplong, *Com.*, n. 1726.—Arrêt de la cour de Bordeaux, 24 janvier 1827.
2. Renusson, *Com.*, part. II, ch. I, n. 45.
3. Lebrun, p. 266, n. 11, et Pothier, n. 736.

7.

quittance, a montré qu'elle n'a voulu payer que pour moitié, Pothier et l'art. 1488 lui accordent droit de répéter l'excédant. Ces décisions s'appliquent au mari pour les dettes qui ne sont à sa charge que pour moitié. Le Code parle seulement de la femme, parce qu'il a, dans toute cette matière, suivi pas à pas Pothier, et que Pothier ne traitait la question que relativement à la femme.

Le principe que la femme, en tant que commune, n'est tenue que de la moitié des dettes de la communauté, subit dans l'article 1483 un tempérament remarquable. J'ai dit l'origine de cette disposition. « La jurisprudence, dit Pothier[1], a pourvu à la conservation des propres de la femme, en ne permettant pas que le mari pût les entamer par les dettes de communauté. » Sans quoi, comme le fait remarquer Coquille, le mari serait arrivé à aliéner les propres de la femme[2]; ce qui lui est défendu. *Marito non licet onerare propria uxoris*, avait dit Dumoulin. Tel est encore dans le code le motif de l'article 1483. La femme peut faire inventaire, puis accepter ou renoncer; mais supposons que des dettes nouvelles surgissent, après la confection de l'inventaire, et que la loi n'accorde pas à la femme le bénéfice de l'art. 1483, la femme sera lésée.

A quelles dettes ce bénéfice est-il applicable? à qui est-il opposable?

L'art. 1483 ne s'applique qu'au cas où la femme est actionnée comme commune, c'est-à-dire pour une dette tombée dans la communauté du chef de son mari : car le privilége, étant de soustraire la femme aux résultats de l'omnipotence du mari, devient inutile du moment où la femme a agi librement. Ainsi l'enseignent Coquille, Pothier et Lebrun. Dans le cas où la femme est actionnée comme débitrice personnelle, c'est-à-dire pour une dette tombée de son chef dans la communauté, le bénéfice d'inventaire n'est pas opposable aux créanciers. Il l'est au mari pour toutes les dettes, aussi bien celles qui procèdent de son chef, que celles qui procèdent du chef de la femme.

Dans le premier cas, vis-à-vis des créanciers, le bénéfice existe pour l'obligation aux dettes : il empêche la femme d'être poursuivie au delà de son émolument. Dans le second cas, il

1. Pothier, n. 734.
2. Coquille sur Nivernais, tit. xxiii, art. 7.

existe pour la contribution aux dettes, et il empêche la femme de supporter au delà de son émolument toutes les dettes qui sont tombées dans la communauté. En définitive, s'agit-il d'une dette tombée dans la communauté du chef du mari? le bénéfice d'inventaire est opposable aux créanciers comme au mari. S'agit-il d'une dette tombée dans la communauté du chef de la femme sans récompense? le bénéfice d'inventaire n'est pas opposable aux créanciers; il l'est au mari. S'agit-il d'une dette tombée dans la communauté du chef de la femme à charge de récompense? le bénéfice n'est pas opposable aux créanciers. Il ne l'est pas même au mari, car sans cela la femme s'enrichirait aux dépens de ce dernier. Supposons enfin une somme de 20,000 fr., empruntée conjointement par le mari et la femme. Comme débitrice, la femme doit 10,000 francs. Y a-t-il quelque intérêt à savoir si elle les doit comme débitrice, indépendamment de sa qualité de commune? Non, quand la communauté est solvable; oui, quand elle ne l'est pas. Si la femme reçoit en qualité de commune 8,000 fr., comme émolument dans l'actif social, elle ne payera que 8,000 francs. Si elle est débitrice personnelle, elle payera les 10,000 fr., quoiqu'elle n'ait reçu que 8,000 fr.; mais elle aura un recours, il est vrai, de 2,000 francs contre le mari.

A quelles conditions est soumis l'exercice du privilége qu'a la femme de n'être tenue que jusqu'à concurrence de son émolument? A cette condition de prouver qu'elle ne garde rien des biens de la communauté. Cette preuve s'administre par un inventaire et un compte rendu de ce qui lui est échu par le partage.

L'inventaire est un acte dressé par un notaire, et où sont relatées la description et l'estimation des meubles, l'estimation des immeubles. L'inventaire doit être bon et fidèle, fait dans les trois mois, affirmé par la femme sincère et véritable.

L'inventaire doit être bon et fidèle (art. 1483). L'article 228 de la *Coutume de Paris* disait : « Pourvu qu'il n'y ait fraude ou faute. » Précisons ces mots, *bon et fidèle*. La simple erreur ne vicie pas la sincérité de l'inventaire. L'omission par négligence ou faute ne fait pas perdre à la femme son privilége; seulement la femme est aux créanciers comptable des choses omises. Il en serait de même du cas où la fraude ne serait pas prouvée : si, au contraire, la fraude est prouvée, la femme ne saurait jouir d'un bénéfice qui n'est accordé qu'à la bonne foi; mais la perte du bénéfice de l'art. 1483 n'entraîne pas la perte du droit de l'art. 1482, de n'être obligée que pour moitié de la dette : ce droit est indépendant de la confection d'un inventaire, et le tribunal de la Seine [1] a fait erreur en jugeant que la femme qui n'a pas fait inventaire est tenue pour le tout [2]. L'inventaire doit être bon et fidèle. A qui la preuve? Aux créanciers. J'invoque cette règle que les délits ne se présument pas et l'art. 2268. J'accorde aux créanciers le droit de recourir aux présomptions (arg. de l'art. 1442), et je laisse aux juges plein pouvoir de décider s'il y a ou s'il n'y a pas fraude.

L'inventaire doit être fait dans les trois mois [3]. L'art. 1483 ne fixe pas de délai. Evidemment le code s'est référé à l'art. 1456. Trois mois est le délai général de tous les inventaires (art. 795, 1461 C. N., 174 C. de procéd.). Sauf le cas de force majeure, ce délai ne peut être étendu [4].

Dans le silence de la loi, appliquons encore l'art. 1456. L'inventaire doit être fait contradictoirement avec le mari ou les héritiers, et même avec les créanciers, s'ils ont fait opposition à la levée des scellés (821 C. Nap., et 932 C. de procéd.). La femme doit affirmer l'inventaire sincère et véritable, lors de sa clôture devant l'officier public qui le reçoit. Le défaut d'affirmation doit faire seulement planer sur l'inventaire une présomption d'inexactitude qui s'évanouit devant la preuve contraire.

L'inventaire peut-il être remplacé par des procès-verbaux de saisie? La saisie partielle, ne faisant pas connaitre précisément les forces de la communauté, ne peut remplacer l'inventaire. La cour de cassation l'a justement déclaré [5]; mais M. Troplong admet, avec Pothier, que l'exception commence au cas de saisie générale. Je combats cette doctrine par trois raisons : la première, c'est que, si la femme a détourné avant la saisie des objets de la communauté, et que ce détournement soit plus tard découvert, la femme n'en jouira pas moins du bénéfice de l'art. 1483, malgré les art. 1460 et 1483. La seconde, c'est que, si la saisie générale remplaçait l'inventaire, on n'aurait pas la garantie de la présence des héritiers du mari, et du serment de la femme

1. 1er août 1829.
2. Cour de cass., 21 décembre 1830. — Cours de M. Val.
3. Pothier, n. 742. — Cour de cass., 22 décembre 1829, 6 février 1843. — Cours de M. Val.
4. Marcadé, 1483, § 2. — Pont et Rodière, t. I, n. 850.
5. Cour de cass., 22 décembre 1829.

exigé par l'art. 1456. La troisième, c'est que, la femme n'ayant pas été partie à cet acte, on ne peut la forcer de reconnaître l'inventaire dans le délai légal; or il s'agit précisément de constater les forces de la communauté, alors que cette tâche est possible. En définitive, devant le texte précis de l'art. 1483, je propose de décider que la femme doit assigner le mari ou ses héritiers, et déclarer dans les trois mois que les procès-verbaux de saisie tiendront lieu d'inventaire : sans quoi la femme qui n'aura pas fait inventaire sera tenue comme commune, c'est-à-dire pour la moitié des dettes (art. 1482).

Beaucoup d'auteurs [1], se fondant sur la doctrine de Pothier, enseignent que l'inventaire, nécessaire à l'égard des créanciers, ne l'est point à l'égard du mari ou de ses représentants, que la femme déchue du bénéfice dans l'obligation aux dettes le conservera dans la contribution par un acte de partage. L'art. 1483 semble exiger l'inventaire; mais on peut distinguer [2] : si la femme survit, elle n'invoquera point le privilége de l'art. 1483, sans un inventaire présenté aux héritiers du mari. Mais si le mari a survécu et est resté en possession de toute la communauté jusqu'au partage, il ne peut soupçonner sa femme ou les héritiers d'avoir diverti. Il doit accepter l'acte de partage auquel il a été partie comme déterminant l'émolument de la femme ou de ses héritiers, bien qu'il n'ait pas été fait d'inventaire préalable. Cette solution a été contestée par la jurisprudence et par quelques graves autorités [3].

L'inventaire fixe l'émolument de la femme : l'émolument, c'est la valeur de tout ce qui est tombé au lot de la femme, même à titre de préciput, et la valeur de tout ce dont la femme s'est enrichie par suite du partage. Le compte de la femme est divisé en chapitre des recettes et chapitre des dépenses; on balance ensuite ces chapitres : ce qui reste forme l'émolument de la femme. C'est donc jusqu'à concurrence de cet émolument que la femme peut être poursuivie. Ce n'est que jusque-là, et si après la répartition de cet émolument, il se présentait d'autres créanciers, ces derniers ne seraient pas admis à prétendre que la femme est encore leur débitrice. Toutes ces explications sont le résumé de Pothier,

---

1. Duranton, XIV, 439. — Zachariæ, III, p. 506. — Pont et Rodière, I, 862.
2. Cours de M. Val.
3. Cour de cass., 24 mai 1823. — Demante, Progr. III, 143. — Marcadé, 1483, § 2.

et le commentaire de la phrase finale de l'art. 1483 : « en rendant compte tant du contenu de cet inventaire, que de ce qui lui est échu par le partage. »

Pour déterminer le montant de l'émolument, c'est le jour du partage qui sert de point de départ. C'est toujours eu égard à leur état et valeur au jour du partage que les objets compris dans le lot de la femme doivent être estimés. En effet, dès ce jour, les créanciers ont pu poursuivre la femme jusqu'à concurrence de la valeur de son lot, et la femme de son côté se libérer immédiatement en leur versant cette même valeur. La dépréciation survenue depuis le partage est au profit ou à la charge de la femme seule.

Les créanciers ne sont point tenus de se contenter du prix d'estimation fixé par l'inventaire. Ils peuvent en cas de dissentiment avec la femme, provoquer une estimation contradictoire. La femme, au contraire, qui a été présente à l'inventaire, est liée par l'estimation que les objets compris dans son lot y ont reçue : à moins que les objets dont la valeur est contestée, n'eussent sans sa faute et avant le partage, subi une dépréciation imprévue, auquel cas la femme serait recevable sans nul doute à provoquer une estimation nouvelle [1].

La position de la femme commune a beaucoup d'analogie avec celle de l'héritier bénéficiaire. Mais il y a plusieurs différences qui viennent toutes de ce que la femme est tenue des dettes de son chef, à titre d'associée ou de commune, tandis que l'héritier bénéficiaire n'est tenu que du chef de son auteur. 1° L'héritier doit, pour acquérir le bénéfice d'inventaire, faire une déclaration au greffe du tribunal de l'ouverture de la succession, et un inventaire fidèle et exact des biens laissés par le défunt (art. 793). La femme n'a pas besoin de faire cette déclaration, il suffit qu'elle fasse un inventaire bon et fidèle. 2° L'héritier qui fait, sans remplir les formalités judiciaires, des actes de disposition, même des aliénations de meubles, est déchu du bénéfice d'inventaire (art. 805 C. civ. et 989 C. procéd.). Dans le même cas, la femme conserve le sien, pourvu qu'elle ait agi sans fraude et qu'elle rende compte des sommes provenant des aliénations. Les créanciers pourront critiquer la femme, mais non pas attaquer le fait de l'aliénation. 3° Enfin le bénéfice d'inventaire accordé à l'héri-

---

1 Pont et Rodière, n. 849. — Zachariæ, t. III, p. 502. — Dalloz, n. 2473 et 2474.

tier empêche la confusion de son patrimoine avec celui du défunt.
L'héritier n'est qu'administrateur des biens; il n'est pas débiteur : il n'est pas tenu personnellement; il peut, en vertu de
l'art. 802, se décharger des poursuites en abandonnant les biens
de la succession. La femme, au contraire, est associée, commune,
propriétaire. La part qu'elle a reçue de la communauté se confond irrévocablement avec le reste de son patrimoine ; d'où il suit
que les créanciers peuvent poursuivre leur payement même sur
les biens propres de la femme. Le bénéfice de l'art. 1483 consiste,
pour la femme, non pas à n'être pas tenue sur ses propres, mais
seulement à n'être tenue que de telle somme au lieu d'une somme
plus forte.

Par une conséquence ultérieure, nous arrivons à dire que la
femme ne peut arrêter les poursuites des créanciers en offrant de
leur abandonner les immeubles tombés dans son lot. Pothier[2]
enseignait une doctrine contraire ; mais cette doctrine ne peut
cadrer avec le principe de l'engagement personnel de la femme,
et avec l'art. 1483, qui ne donne pas, comme l'art. 802, à l'héritier
le droit de se décharger du payement des dettes en abandonnant les
biens recueillis. Puisque la femme ne peut pas échapper aux poursuites en abandonnant les immeubles en nature, à plus forte
raison les créanciers ne peuvent pas forcer la femme à leur abandonner les biens compris dans son lot. On s'appuie dans le système contraire sur les mots, en rendant compte de l'art. 1483;
mais rendre compte d'un bien, ce n'est pas rendre le bien. De
quoi sont-ils créanciers? D'une somme d'argent. Que peuvent-ils
exiger? Une somme d'argent. Rien de plus. Et puis, supposons
que les biens depuis le partage aient diminué de valeur. Serait-il
juste que les créanciers perdissent ce qui forme leur gage? Non,
car toute amélioration ou détérioration postérieure au mariage
profite ou nuit à la femme sans que son émolument varie. Elle
est débitrice d'une somme d'argent. Au contraire, l'héritier bénéficiaire doit compte aux créanciers de certains biens et non
pas d'une valeur; et ce sont eux qui profitent ou souffrent de
l'amélioration ou de la détérioration fortuite des biens[1].

Je me résume. Après avoir fait inventaire, la femme est pour-

---

1. Pothier, n. 747. — Voyez dans ce sens M. Duranton, t. xiv, n. 489, et Bellot, t. ii,
p. 522.

2. Cours de M. Val. — Toullier, t. xiii, p. 247. — Marcadé, art. 1483, n. 3. — Pont
et Rodière, I, 851. — Troplong, n. 1759, t. III.

suivie par les créanciers; elle rend compte de ce qu'elle a reçu, et l'émolument est fixé. Si l'émolument est suffisant, en vertu de l'art. 1482, la femme paye la moitié des dettes; si l'émolument est insuffisant, la femme paye une somme proportionnelle à ce qu'elle a reçu. Si la femme a payé au delà de son émolument, on applique l'art. 1488. Elle ne peut rien répéter contre le créancier, à moins que dans la quittance elle n'ait exprimé l'intention de n'abandonner que son émolument.

III. Nous voici arrivés au troisième point de vue sous lequel on peut envisager l'obligation de la femme. La femme détient un immeuble hypothéqué; il n'est question ici que des créanciers qui ont privilége ou hypothèque sur les biens de communauté ; mais il faut distinguer si les créanciers sont créanciers d'une dette personnelle ou d'une dette de communauté : la première hypothèse est réglée par les principes ordinaires, la seconde par l'art. 1489.

Supposons un conquèt de communauté hypothéqué pour une dette qui doit rester personnelle à l'un des époux. Si c'est le conjoint qui a été forcé sur l'action hypothécaire de payer la dette, il a son recours pour le tout contre l'époux débiteur; si le conquèt de communauté était hypothéqué lors de l'acquisition, l'époux au lot duquel il est échu, poursuivi après le partage, aura un recours contre l'autre époux pour sa part, car les époux se doivent garantie des évictions qui ont une cause antérieure au partage. L'époux poursuivi, mari ou femme, aura recours pour le tout contre le débiteur personnel de cette dette; mais, si c'est à la femme que l'immeuble est échu, la femme n'aura point quant à ces dettes, qui ne concernent point la communauté, le privilége de l'art. 1483.

Maintenant il s'agit d'un conquèt de communauté hypothéqué pour une dette de communauté. Point de difficultés si l'hypothèque a été constituée pendant le mariage par le mari; car, aux termes de l'art. 1421, le mari a droit d'hypothéquer les biens de la communauté, même sans le concours de la femme. En acceptant, la femme est censée avoir consenti elle-même l'hypothèque. Donc l'époux poursuivi doit payer le tout (c'est une conséquence de l'indivisibilité de l'hypothèque), sauf son recours pour moitié (art. 1489). La difficulté naît pour les dettes contractées par le mari avant le mariage, et qui emportent hypothèque sur les biens à venir, comme serait la dette résultant d'un jugement rendu

contre lui. Le créancier, selon Pothier, ne peut exercer son hypothèque sur la portion des conquêts échue à la femme, car le
mari n'a pu hypothéquer ces biens qu'en qualité de chef de la
communauté, et il n'avait point encore cette qualité lors de l'é-
tablissement de l'hypothèque; mais, comme l'art. 190 de la
Coutume d'Orléans, cité par Pothier lui-même, présentait une
décision contraire, beaucoup d'auteurs l'ont rapproché de l'article 1489. La dette du mari, quoique antérieure au mariage,
est une dette de la communauté; elle y est tombée, aux termes
de l'art. 1409, 1°, et la généralité et la précision de l'art. 1489
autorisent à penser que les créanciers hypothécaires peuvent agir
sur la portion échue à la femme. En définitive, pour l'hypothèque
conventionnelle consentie pendant le mariage comme pour l'hypothèque judiciaire inscrite avant, le créancier du mari aura
action sur les conquêts pour la portion échue à la femme; mais,
bien entendu, le mari ne peut être poursuivi comme détenteur de
conquêts par les créanciers particuliers et personnels de sa femme,
antérieurs ou non au mariage, parce que la femme n'a pu hypothéquer dans aucun temps les biens de la communauté sans le
consentement de son mari. Il n'y a qu'une exception pour le cas
où le mari aurait reçu dans son lot un immeuble de la femme,
ameubli et hypothéqué avant le mariage.

Quel rôle maintenant la femme doit-elle jouer en présence des
créanciers hypothécaires de la communauté? Si la femme n'est
pas personnellement tenue, elle doit payer ou délaisser, sauf son
recours contre le mari ou les héritiers. Si elle est personnellement tenue, elle ne peut délaisser. Quand elle paye des créanciers
préférables au poursuivant, elle est subrogée de plein droit, et
le demandeur sera tenu de lui en faire raison : mais, quoique
subrogée, la femme ne pourrait s'opposer à la vente et retenir
l'immeuble si les hypothèques n'étaient pas purgées. En revanche,
si elle a payé des créanciers chirographaires ou hypothécaires
postérieurs au poursuivant, le créancier hypothécaire ne sera
pas tenu de lui rendre compte de ce qu'elle a payé. Ce qui jette
quelque difficulté, c'est l'art. 1483; et ne faut-il pas déroger à
la rigueur des principes ? Deux cas peuvent se présenter. Premier cas : Deux créanciers, l'un hypothécaire, l'autre chirographaire. Le créancier hypothécaire se présente le premier, et la
femme, pour conserver son immeuble, acquitte la totalité de la
dette. Le créancier chirographaire se présente; la femme est tenue

envers lui sur tous ses biens, jusqu'à concurrence de son émolument, déduction faite des sommes payées à des créanciers plus diligents. Or la femme a payé, à titre de débitrice, la moitié de la dette ; si donc son émolument est supérieur à cette moitié, elle sera tenue envers le créancier chirographaire de la différence. Pour le reste, elle a payé comme tiers détenteur. — Second cas : Si le créancier chirographaire s'est présenté le premier, la femme lui payera la moitié de la dette ; si le créancier hypothécaire se présente après, elle ne payera l'excédant de la moitié qu'à titre de tiers détenteur, et en vertu de l'hypothèque.

SECTION III.

Des indemnités auxquelles peut donner lieu entre les époux la poursuite des créanciers.

« Les conjoints n'étant tenus entre eux des dettes de la communauté que chacun pour moitié, et même la femme n'en étant tenue pour cette moitié que jusqu'à concurrence de son émolument, il suit de là que chacun des conjoints a un recours d'indemnité contre l'autre, pour être remboursé de ce qu'il a payé de plus qu'il n'en devait porter [1]. » Ce principe de Pothier a été consacré par le code dans le deuxième alinéa de l'article 1490. Ainsi, lorsqu'après la dissolution de la communauté, un des époux a payé en totalité une dette de la communauté, il a, quoi qu'il en fût personnellement tenu, un recours contre l'autre époux ou ses héritiers pour la moitié. Cependant Pothier établit une triple différence entre le cas où le recours est exercé par le mari ou ses héritiers, et le cas où il est exercé par la femme ou ses héritiers. Nous la reproduisons.

1° Le mari ne peut avoir recours d'indemnité pour les dettes de la communauté, contre la femme ou ses héritiers, que si elle accepte ; au contraire, la femme a un recours contre son mari pour le total, en cas de renonciation, pour la part que le mari ou les héritiers du mari doivent supporter en cas d'acceptation.

2° Le mari, tant qu'il n'a pas payé les dettes de la communauté et qu'il n'est pas poursuivi pour les payer, ne peut exercer aucune action d'indemnité contre es héritiers de la femme ; au

1. Pothier, n. 759.

contraire, la femme, après la dissolution de la communauté, a action d'indemnité contre les héritiers de son mari, et les héritiers de la femme contre le mari, pour être acquittés des dettes de communauté auxquelles ils sont obligés en son nom.

3° Le mari n'a aucune hypothèque sur les biens propres de la femme, pour l'action d'indemnité qu'il a contre elle ou ses héritiers, lorsqu'il a payé, après la dissolution de la communauté, la part des dettes communes, afférente à la femme. La femme au contraire, a hypothèque sur les biens de son mari pour le payement des indemnités qui lui sont dues.

Comment l'indemnité doit-elle être payée? Si les époux, le mari ou la femme ont payé une dette de communauté pendant la communauté, ils exerceront leur recours à titre de prélèvement, en vertu des art. 1470 et 1471; mais s'ils payent après le partage, chacun des époux n'aura plus contre l'autre qu'une simple créance en indemnité.

———

SECTION IV.

Du concours des créanciers de la communauté avec les créanciers personnels des époux ou avec la femme.

Posons d'abord en présence les créanciers de la communauté et les créanciers personnels des époux sur les biens de la communauté. Le droit des créanciers contre le mari est réglé par les art. 1484, 1485. Le droit des créanciers contre la femme, par les art. 1483, 1486, 1487, 1488; le droit des créanciers hypothécaires est réglé par l'art. 1489. Aucun texte du code ne règle le concours des créanciers des époux et de la communauté. Pour que la question se présente, il faut supposer des créanciers des époux qui ne soient pas devenus tels pour la communauté. Quant au mari, nous trouvons les créanciers des dettes immobilières antérieures au mariage, les créanciers des successions immobilières à lui échues, les créanciers des dettes nées de ses délits. Pendant la communauté, ces créanciers pouvaient agir contre elle, à raison des art. 1421 et 1166 combinés. Après sa dissolution, ils ne peuvent atteindre que la part et les biens personnels du mari. La question est de savoir si, sur cette part, ils concourront avec les créanciers de la communauté. Pour la femme, la question s'élève relativement aux mê-

mes dettes, contractées par elle, et de plus à ses dettes mobilières antérieures n'ayant pas date certaine, aux dettes contractées
par elle avec la seule autorisation de justice en dehors du cas
de l'art. 1427 ; seulement remarquons qu'il s'agit ici de créanciers qui n'ont pu atteindre la communauté, comme telle pendant le mariage.

Que décider ?

La jurisprudence et plusieurs auteurs accordent aux créanciers
de la communauté un droit de préférence. La communauté, dit-
on, est une tierce personne, un être moral : tout l'actif doit servir
à payer le passif. Nous repoussons cette solution et ces arguments.
Les créanciers de la communauté pouvaient poursuivre le mari,
cela est vrai ; mais les créanciers du mari pouvaient poursuivre
la communauté. Pendant la communauté leur position était iden-
tique : pourquoi, après la communauté, établir des différences ?
La loi se tait, et il n'est pas permis de fonder des priviléges en
dehors de ceux que crée la loi. D'ailleurs les droits des créanciers
de la communauté ou du mari changent-ils de nature ? Nullement.
Pendant la communauté, ils pouvaient s'exercer sur les biens personnels du mari et sur les biens de la communauté, après sa dissolution, ils sont restreints aux biens du mari ; voilà tout. Mais
admettons que la communauté soit une personne morale, admet-
tons-le pour un moment. Arriverons-nous à donner aux créanciers de la communauté une raison de préférence ? Je ne le crois
pas. Si la communauté est une personne morale, cette personne
meurt à sa dissolution. Elle a pour héritiers les deux époux. Or
les créanciers du défunt concourent sur les biens de la succession
avec les créanciers des héritiers ; donc les créanciers du défunt,
c'est-à-dire de la communauté, doivent concourir sur les biens
de la communauté, le défunt, avec les créanciers des héritiers,
les époux. Peut-être voudra-t-on accorder aux créanciers de la
communauté la séparation des patrimoines ; mais, malgré l'autorité d'un arrêt de la cour de Caen (13 nov. 1844), je ne puis adhérer à cette doctrine, d'ailleurs très-généralement repoussée.
L'art. 1476 est étranger à la matière : le code est muet. Pour
se décider dans un sens affirmatif, il faudrait considérer la communauté comme le patrimoine d'une personne morale ; et c'est
précisément ce que nous nous refusons à admettre.

Que décider maintenant pour le cas où la femme acceptante se
trouve en présence des créanciers de la communauté ? Comment

régler le concours de leurs droits sur les biens de la communauté?
Tout dépend du titre en vertu duquel la femme se présente. Se
présente-t-elle comme propriétaire, ou comme créancière ?
Telle est la question.

La femme se présente : *comme propriétaire* dans le 1º de l'art.
1470, pour tous les biens personnels qui ne sont pas entrés dans
la communauté, ou biens acquis en remploi: la communauté avait
la possession de biens dont la femme était restée propriétaire; il
n'y a pas prélèvement, mais revendication ; *comme créancière*
dans le 2º et 3º de l'art. 1470, pour toutes les reprises autres
que celles de biens existant en nature. Ici, par exemple, il y a un
véritable prélèvement. Comment s'opère ce prélèvement? L'art.
1471 l'explique. La femme avant le mari : puis les biens de la
communauté, l'argent comptant, les meubles et enfin les immeubles. La femme pour se payer a le choix ; si les biens communs
ne suffisent pas, en dernier recours les biens personnels du mari:
sur eux, par exemple, pas de reprises en nature.

Cette règle, que la communauté est pour la femme un véritable débiteur, résulte du droit commun et des textes. Voyez les
art. 1433, 1435 : ne donnent-ils pas à la femme un droit au prix
d'une indemnité ? ne supposent-ils pas une créance de somme
d'argent, fondée sur le *in rem versum*, ou sur une présomption
de prêt fait par l'époux à la communauté ? Quant à l'idée de dépôt, que soutient M. Troplong, je ne puis y adhérer. Il n'y a
pas dépôt, puisqu'il s'agit d'une chose de genre, acquise comme
telle à la communauté : voyez art. 1915.

La cour de cassation [1] a décidé que le droit de prélèvement
conféré à la femme acceptante par l'art. 1471 était un droit de
propriété, et que partant il écartait le droit des créanciers. La
cour de Metz a adhéré à cette doctrine, et, en permettant à la
femme de faire ses reprises à titre de propriétaire, a créé en sa
faveur un privilége contre les créanciers. Un fait très-important,
et que je veux tout d'abord constater, est la nouveauté du système de la cour de cassation. M. le premier avocat général Le-
clerc, portant la parole devant la cour impériale de Metz, a été
contraint de le reconnaitre. Si l'on veut comparer les art. 232 de
la coutume de Paris et 192 de la coutume d'Orléans aux articles
du code 1470, 1471, 1472, les articles 228 de la coutume de

1. Arrêts de la cour de Paris, 2 février et 12 décembre 1854.

Paris et 187 de la coutume d'Orléans à l'article du code 1483, l'art. 237 de la coutume de Paris à l'art. 1494 du code, on demeurera convaincu que sous l'ancienne jurisprudence, aucun privilége n'était donné à la femme sur les valeurs mobilières provenant soit de la communauté, soit des biens personnels du mari. Pour tout ce qui n'était point soldé par son hypothèque légale, ou le produit des biens qui en sont susceptibles, la femme était réputée un créancier ordinaire venant par contribution au marc le franc avec les autres créanciers du mari. Voyez Renusson, Bacquet, Lebrun, Pothier [1]. Ainsi la cour de cassation fait produire aux dispositions du code civil des effets contraires à ceux que produisaient des textes analogues sous le régime des coutumes. Voilà de quoi faire naître la défiance. La jurisprudence argumente du mot prélèvement de l'art. 1470 ; mais je réponds que le mot de prélèvement dans l'art. 1470 est appliqué au mari. On ne soutiendra pas, je pense, que le mari ait un privilége sur ses propres créanciers. Les rédacteurs du code ne se piquaient pas d'une scrupuleuse exactitude dans le langage juridique. Hommes de pratique, ils ont employé le mot *prélever* comme ils auraient employé le mot *retirer*, *réclamer*. Ce qui le prouve, c'est que, dans le 1° de l'art 1470, ils qualifient de prélèvement une revendication, et que le mot de prélèvement ne peut s'appliquer qu'au 2° et au 3° de cet article, Laissons cela de côté : le grand argument est le droit de l'art. 1471 de se payer en nature. L'art. 1471, dit-on, donne à la femme le droit d'exercer ses reprises à titre de propriétaire. Ceci admis, la question du privilége de la femme est décidée par l'art. 1483. La femme, en vertu de l'art. 1483, n'est tenue que jusqu'à concurrence de son émolument : or il n'y a d'émolument pour la femme que les reprises payées. Si elle devait concourir avec les créanciers et être réduite à un dividende, elle souffrirait sur ses reprises, ce qui serait contraire à l'art. 1483, qui veut qu'elle ne souffre que sur son émolument. Je réponds : dans l'art. 1483, la femme est considérée comme débitrice : ici elle se présente comme créancière. Subordonner l'action des tiers au cas où la femme n'aura

---

1. Bacquet, *Traité des droits de justice*, ch. xxi, n. 259. — Renusson, *Propres*, ch. vi, sect. iii, n. 3. — Pothier, *Com.*, n. 325. — Lebrun, *Com.*, l. iii, ch. ii, sect. i, dist. 2. — Deux actes de notoriété du Châtelet de Paris, du 1er janvier 1711 et du 4 mars 1745.

pas absorbé tout l'actif social par son remboursement personnel, c'est violer, ce me semble, la règle fondamentale de l'art. 1482. L'art. 1483 n'est nullement en question dans notre hypothèse, et il faut dire tout simplement que, la loi n'ayant pas prévu l'hypothèse du concours des créanciers de la communauté et de la femme, on doit appliquer le droit commun entre créanciers (art. 2092).

Mais comment expliquer le droit de l'art. 1471? Par une dation en payement forcée. La loi a eu en vue les rapports des époux entre eux, et nullement les rapports des créanciers. Les prélèvements opérés avant le partage soit par la femme, soit par le mari lui-même à titre de reprises, ont le caractère d'une liquidation simple et expéditive, et ne doivent en aucune façon nuire aux droits des autres créanciers. La loi, pour faciliter les rapports des copartageants, devenus créanciers les uns des autres à l'occasion de la chose commune, leur permet de se payer en nature par une opération préliminaire de partage (art. 829, 830, 1471, 1476, 1872). Le droit de la femme n'est autre que le droit du cohéritier créancier de l'art. 830. Le cohéritier et la femme cumulent les deux titres de copropriétaire et de créancier. Les art. 830 et 1471 supposent ces deux qualités dans la même personne, et le payement en nature a pour seul but d'aider l'exercice du droit de créance. Il ne faut donc pas confondre la nature du droit que la femme exerce, et le mode dont ce droit s'exerce. L'époux agira à titre de propriétaire quand il reprendra identiquement sa chose : il ne répétera qu'en qualité de créancier ses indemnités et récompenses. Et maintenant peu importe qu'il se paye sur les acquêts, que ce remboursement se fasse, comme on dit, par voie de retention ou de délibation : ce sont là des formes qui ne modifient pas le fond d'un droit préalablement reconnu. La femme acceptante concourt donc avec les créanciers. Mais comment? Il faut, je crois, distinguer deux hypothèses.

Première hypothèse. La femme est personnellement obligée, ou elle est obligée comme commune, mais elle n'a pas fait l'inventaire. Nous sommes en dehors de l'art. 1483. Ce qui semble compliquer la situation, c'est que la femme est créancière de la communauté et débitrice de son cocréancier. On déterminera donc par un partage fictif quelle est la part de la femme dans l'actif. Si cette part est inférieure au montant de ce qu'elle doit, elle ne peut naturellement pas exercer ses reprises, puisque l'objet de ses reprises faisant partie de la communauté est le gage de ses créanciers. Voilà le résultat final. Il est inutile qu'elle vienne en fait concourir avec le créancier sur les biens de la communauté, pour rendre à ce même créancier d'une main ce qu'elle a reçu de l'autre. Le créancier ne prime pas la femme sur les biens communs, seulement il se paye avec la créance de sa débitrice : on peut dire qu'il y a application de l'art. 1166. De plus, comme la femme est personnellement engagée, jusqu'à concurrence de moitié, non-seulement elle perdra ses reprises dans la communauté, mais encore elle pourra être poursuivie sur ses biens personnels conformément à l'art. 1482. — Supposons au contraire que la part de la femme dans l'actif de la communauté soit supérieure au montant de ce qu'elle doit, mais pas assez pour payer sa dette et ses reprises : le créancier et la femme concourront sur cette part, quitte à la femme à parfaire ensuite la totalité de sa dette avec ce qu'elle a reçu par contribution à titre de reprises. On peut arriver plus tôt au résultat définitif en permettant au créancier de se payer entièrement et en laissant le reste à la femme pour ses reprises.

Seconde hypothèse. La femme tenue comme commune a fait inventaire. L'art. 1483 déclare que la femme ne sera tenue que jusqu'à concurrence de son émolument; mais cet article se place dans l'hypothèse où les créanciers de la communauté n'ont pas saisi avant le partage (cf. l'art. 826). Lorsque les créanciers ont saisi et s'opposent à ce partage, ils pourront exercer les droits de reprise de leur débitrice, en vertu de l'art. 1166. Dès lors il résulte du droit commun que, jusqu'à concurrence de la moitié dont la femme est tenue, ils sont préférés à la femme. Au contraire, dans le cas de l'article 1483, la femme créancière s'est payée la première : *Vigilantibus jura succurrunt.* La femme ne doit compte que de ce qu'elle a recueilli comme succédant à la communauté, et c'est alors qu'on examine ce qu'elle a recueilli dans le partage. Pothier, sur l'art. 187 de la *Coutume d'Orléans,* paraît bien viser cette espèce : mais comme le patrimoine personnel de la femme n'est pas distinct de celui qui forme son émolument, les créanciers la poursuivront sur tous ses biens, jusqu'à concurrence de son émolument.

Je me résume. La femme acceptante exerce ses reprises relativement aux récompenses et indemnités à titre de créancière. L'article 1483 ne consacre nullement à son profit un droit de préférence; aucune disposition de la loi ne lui conférant de privilége, elle doit être placée au rang des créanciers ordinaires, sauf son hypothèque légale.

Les articles 2121 et 2122 donnent à la femme, pour tous les recours qu'elle a à exercer, hypothèque sur tous les immeubles du mari; mais que dire pour les immeubles appartenant à la communauté? Il faut distinguer :

1° La communauté est dissoute, les acquêts n'ont été ni aliénés ni frappés de droits réels; le partage a lieu avec effet déclaratif (art. 883) : la femme aura hypothèque sur ceux qui tomberont dans le lot de son mari;

2° Le mari pendant la durée de la communauté a aliéné ou hypothéqué les conquêts. Dans ce cas, l'hypothèque de la femme s'exercera-t-elle contre l'acquéreur, le créancier hypothécaire ou tout autre tiers qui tient son droit du mari? Bien entendu nous supposons que le tiers n'a pas un droit acquis antérieur à la femme. Nous répondons : Non, la femme ne peut exercer son hypothèque légale. Pourquoi? Les uns ont dit : La femme, en acceptant, ratifie les actes du mari. Ceci est inexact; car si le mari avait aliéné un des propres de la femme, donné mainlevée d'une de ses hypothèques, il est évident que l'acceptation de la femme ne ratifie nullement ces actes. Les autres ont dit : Si la femme agissait, elle verrait son action hypothécaire repoussée par l'exception de garantie, parce qu'en raison de son acceptation, elle est tenue des dettes de la communauté; mais l'art. 1483 détruit complétement cet argument, puisque, n'étant tenue que jusqu'à concurrence de son émolument, elle peut ne point l'être du tout si le passif est plus fort que l'actif. On dit encore : Pourquoi, lorsqu'elle n'est obligée qu'en sa qualité de commune, et pour partie envers les tiers, ne conserverait-elle pas pour l'autre partie son droit d'hypothèque légale? L'obligation de garantir n'est-elle pas divisible? Si nous refusons l'hypothèque légale à la femme acceptante, ce n'est ni parce qu'elle ratifie, ni parce qu'elle est tenue de la garantie. Les véritables raisons de cette décision résident dans l'incompatibilité qu'il y a, d'une part, entre l'hypothèque de la femme, et les pouvoirs que le mari exerce au nom de sa femme et au sien, de l'autre, entre cette hypothèque et le crédit nécessaire au mari pour administrer les biens communs.

Ainsi sur les meubles, concours de la femme créancière et des créanciers de la communauté, sur les immeubles non aliénés,

non grevés de droits réels, exercice de l'hypothèque légale de la
femme : sur les immeubles aliénés, grevés de droits réels, point
d'hypothèque legale de la femme, maintien des droits cédés par
le mari commun.

CHAPITRE II.

DU PASSIF DE LA COMMUNAUTÉ, APRÈS LA RENONCIATION.

SECTION I.

De l'effet de la renonciation sur les droits et les obligations du mari.

La femme a renoncé : la communauté cesse d'exister entre la
femme et le mari. La femme, soit pour échapper à une liquidation
qui semble ne lui promettre aucun bénéfice, soit pour jouir de
l'avantage qu'elle a stipulé de reprendre ses apports en renonçant, la femme, dis-je, laisse au mari les charges et les bénéfices
de son administration. Quel est l'effet, quel est le caractère de
cette renonciation?

Tant que la communauté dure, la femme est réellement commune : elle n'a pas une espérance, elle a un droit de copropriété.
L'art. 1492 le prouve : « La femme qui renonce, dit-il, perd
toute espèce de droits sur les biens de la communauté. » Donc
elle en avait : et l'art. 1494 : « La femme renonçante est déchargée de toute contribution aux dettes de la communauté, tant à
l'égard du mari qu'à l'égard des créanciers. » Ainsi la renonciation de la femme a pour résultat 1° de laisser au mari la responsabilité de son administration; 2° d'attribuer rétroactivement au
mari la propriété des biens communs, que le mari conserve *jure
non decrescendi*. Mais cette fiction est restreinte dans les limites
que nous venons de poser : c'est l'exagérer que de dire que la société n'a jamais existé. Or les fictions ne doivent pas être étendues au delà des termes de la loi (art. 1350). Le mari a été investi

d'un mandat légal, dont il a usé pour administrer la société. Les actes faits dans les limites de son pouvoir ne peuvent dépendre, quant à leur validité, d'une révocation potestative postérieure. Cela nous paraît résulter des principes généraux, et spécialement de l'article 2005 *du mandat;* car on ne peut opposer aux tiers une révocation qu'ils ont dû ignorer, et qu'ils n'ont pas dû présumer. La renonciation ne se présume pas. Ce qui prouve avec évidence que la communauté n'est pas rétroactivement anéantie, c'est que la loi laisse à la charge du mari les dettes de la communauté provenant du chef de la femme (art. 1494) et que, d'autre part, la femme ne peut reprendre ses apports. La communauté a vécu. Il n'est pas permis d'en douter : seulement la femme en repousse certaines conséquences juridiques. Le mari prend tout l'actif, et, par une juste réciprocité, supporte tout le passif. Les biens de la communauté se confondent avec les siens, comme les dettes de la communauté avec les siennes. Le mari restera donc exposé aux poursuites des créanciers de la communauté et pour la totalité de la dette. La qualité de privilégié ou d'hypothécaire, ne fera pas changer les règles : représentant de la communauté, le mari doit répondre à leurs demandes. Mais comme il n'y a plus qu'une seule masse de biens possédée par le mari, c'est contre le mari seul que les créanciers pourront faire valoir leurs priviléges ou hypothèques, du jour de la date ou du jour de l'inscription.

SECTION II.

De l'effet de la renonciation sur les droits et les obligations de la femme.

En renonçant aux bénéfices de la communauté, la femme échappe à ses charges. L'art. 1494 offre la contre-partie de l'art. 1492. Par sa renonciation, la femme est déchargée de toute contribution aux dettes de la communauté, tant à l'égard du mari qu'à l'égard des créanciers. A l'égard du mari, je viens de le dire ; mais à l'égard des créanciers il faut distinguer : la femme est-elle poursuivie comme commune? (nous avons déterminé dans le chapitre précédent quelles sont les dettes définitives de la communauté?) la femme est-elle personnellement tenue? Dans le premier cas, il est clair que la femme ne peut plus être poursuivie puisqu'elle n'est plus commune : dans le second cas, elle peut l'être, et voici la raison. Les créanciers ont traité avec la femme. La renonciation à la communauté ne peut altérer leurs droits. Aussi l'article 1494 dit-il : « Elle reste néanmoins tenue envers ceux-ci (les cr. de la com.) lorsqu'elle s'est obligée conjointement avec son mari, ou lorsque la dette devenue dette de la communauté provenait originairement de son chef : le tout sauf son recours contre le mari ou les héritiers. »

Reste à préciser quelles sont les dettes dont elle est personnellement tenue. Ce sont toutes celles qui proviennent de son chef : 1° Dettes mobilières antérieures au mariage ; 2° dettes des successions mobilières à elle échues ; 3° dettes qu'elle a contractées durant la communauté avec l'autorisation de son mari, ou avec l'autorisation de justice dans les cas prévus de l'art. 1427. Quant aux dettes contractées par la femme, mais étrangères à la communauté, elle en demeure tenue personnellement soit envers le mari, soit envers les créanciers. Dans quelle mesure ? Si la femme s'est obligée seule, elle est tenue pour le tout. Si elle s'est obligée conjointement, pour moitié : si elle s'est obligée comme caution, elle aura les bénéfices de discussion et de division.

Il est certaines dettes qui proviennent du chef de la femme, et dont pourtant elle n'est pas tenue : j'entends parler des dettes du ménage. Nos anciens auteurs, Renusson, Lebrun, Pothier, étaient d'accord sur ce point, et la généralité des expressions de l'article 1494 semblent s'accorder avec leurs doctrines. La communauté doit supporter ces dettes, car elle jouissait de tous les propres de la femme et possédait son mobilier. Peu importe que la femme ait figuré dans les achats, car elle n'a agi que comme mandatrice du mari, et c'est le cas d'appliquer l'art. 1420. La femme renonçante ne pourrait être attaquée à cause de ces actes, que dans le cas où elle aurait dépassé son mandat (art. 220). Pothier [1] fait aussi remarquer qu'elle n'est point tenue des frais de scellés, d'inventaire, de compte, en un mot de tous les frais nécessaires pour établir la consistance de la communauté.

1. Pothier, n. 576.

SECTION III.

Des indemnités auxquelles peut donner lieu le droit de poursuite.

Le mari poursuivi pour dettes de communauté doit payer la totalité de la dette, et n'a aucun recours à exercer contre la femme. Il a reçu tout l'actif, il supportera tout le passif.

Si la femme est déchargée de toute contribution aux dettes, elle peut être, on l'a vu, poursuivie par les créanciers d'une dette personnelle devenue dette de communauté (le tout, dit l'article 1494, sauf son recours contre le mari ou ses héritiers). Ce recours, elle peut l'exercer pour le tout; elle pourra intenter contre son mari une action en répétition.

Dans le cas où la dette qu'a payée la femme était une dette contractée dans son intérêt personnel, et qui devait donner lieu contre elle à récompense, elle ne pourra, après l'avoir acquittée, recourir contre son mari. La femme, en renonçant, était devenue débitrice envers son mari de la somme qu'elle devait à la communauté; en remboursant le créancier, elle acquiert contre le mari une créance de pareille somme. Cette dette et cette créance s'éteignent par compensation. Il arrivera donc très-souvent que, dans les cas des art. 1419, 1426, 1427, dans les cas où la femme agira avec l'autorisation du mari ou de justice, la femme qui aura payé n'aura nul recours contre la communauté [1]. D'autre part, la femme peut exiger, avant toutes poursuites, que l'on comprenne dans la liquidation de ses droits une somme égale à celle qu'elle doit à raison des dettes contractées avec son mari dans l'intérêt commun, en offrant toutefois de consigner cette somme pour le compte de ce dernier. Du reste, la femme qui s'oblige conjointement ou solidairement avec son mari n'est, à son égard, qu'une simple caution (art. 1431 et 2032) [2].

1. Cours de M. Valette.
2. Zachariæ, § 521, note 6, § 427, note 9.

SECTION IV.

Du concours des diverses espèces de créanciers.

Il ne peut être ici question du concours des créanciers de la communauté et des créanciers personnels des époux, puisque tous les créanciers sont créanciers du mari ; tous les biens, biens du mari. Pour déterminer la position des créanciers, il suffit de se reporter aux art. 2092 et 2093, et aux principes du régime hypothécaire. Reste la question des droits de la femme, agissant pour ses reprises en face des créanciers du mari. Ici encore il faut décider si la femme se présente comme propriétaire ou comme créancière. Comme créancière, répondons-nous, et nous le prouvons. D'abord, pas un mot dans Pothier qui indique un droit de copropriété en vertu duquel la femme renonçante puisse se payer en nature sur les biens du mari. Tout ce qu'elle a, c'est une action : « car elle a pour ses créances, dit-il, action contre le mari ou ses héritiers [1]. » L'art. 1493 fait difficulté : la femme renonçante, dit-il, a le droit de reprendre, 1° les immeubles à elle appartenant... et 3° toutes les indemnités qui lui sont dues par la communauté. De la reprise en nature des immeubles propres, on conclut à la reprise en nature des indemnités. Mais pourquoi ? Le mot *reprendre* n'a pas là un sens plus net que le mot *prélever* de l'art. 1470 : il veut dire réclamer. Il n'indique pas un mode de payement. Et d'ailleurs, celui qui a prêté un cheval et de l'argent ne réclame-t-il pas, ne reprend-il pas, au terme fixé, son cheval comme propriétaire et son argent comme créancier ?

Comment la femme pourrait-elle être encore copropriétaire en présence de l'art. 1492 qui dit : « La femme qui renonce perd toute espèce de droits sur les biens de la communauté. » Comment ne serait-elle pas créancière en présence de l'art. 1495, qui assimile les biens de la communauté et du mari pour les actions et reprises de la femme ? Peut-on dire que la femme pour ses reprises est copropriétaire des biens personnels du mari ? Aussi la cour de Caen (25 juillet 1853) et la cour de Nancy (25 février 1853) ont-elles déclaré que les mots *actions* et *reprises* de l'article 1495, ne peuvent s'entendre que d'un droit de créance. On

1. Pothier, 583.

voit que l'interprétation du mot *reprendre*, de l'art. 1493, ne peut faire doute ; car la loi elle-même comprend très-bien sous le terme générique de reprises, les simples créances de la femme, lesquelles sont garanties par l'hypothèque légale si le mari a des immeubles (art. 2193, 2195). Il en est ainsi même sous le régime dotal. La femme dotale n'a pour garantie de ses reprises qu'une hypothèque légale non privilégiée (art. 1572), et sur les meubles, elle ne jouit d'aucun droit de préférence (art 2101 et 2102). Est-il possible que le code ait fait pour la femme commune, associée, plus que Justinien n'avait fait pour la femme dotale dans la loi *Assiduis?*

L'argument capital en faveur de notre système ressort des articles 558, 559, 560, 565 du code de commerce. Sauf à utiliser, s'il y a lieu, son hypothèque légale, la femme n'est qu'une créancière soumise à la loi commune, et destinée à prendre sa part dans les répartitions au marc le franc. Si la femme avait un droit de copropriété d'après son contrat de mariage, comment la faillite du mari l'a-t-il transformé en simple créance ? Aussi, devant un texte aussi formel, nos adversaires sont-ils obligés de s'arrêter et de créer à leur système une large exception.

La jurisprudence, en voulant protéger la femme, lui nuit au contraire, et les droits qu'elle lui donne tournent contre elle. Qu'arriverait-il ? C'est que, pour éviter les revendications de la femme, les créanciers la forceraient à intervenir dans les engagements de son mari et souvent l'entraîneraient à compromettre sa fortune personnelle. Nous ne pouvons donc pas admettre que la femme reste copropriétaire d'une communauté à laquelle elle a renoncé. En définitive, la femme renonçante reprend ses immeubles, parce que les immeubles qui lui sont propres ne font point partie des biens de la communauté : mais elle reprend aussi ce qui lui est dû, comme tout créancier, ou par un payement fait à l'amiable, ou par voies de droits, saisie et opposition. Pour ses reprises, la femme a comme gage les biens de la communauté et du mari confondus, mais elle ne peut pas se payer en nature, comme l'art. 1471 le lui permet quand elle accepte. Elle est donc créancière : sa créance n'a pas changé de nature, elle est née d'une société, elle porte intérêt du jour de la société. L'art 1459 ne s'applique pas ici.

La femme est créancière ai-je dit. Comment régler son concours avec les créanciers de la communauté ? D'après les principes du droit commun. L'art. 2093 s'applique, et le prix des biens communs est distribué par contribution. Si avant la dissolution de la communauté les créanciers avaient fait une saisie ou une saisie-arrêt, pourraient-ils l'opposer à la femme? Non, s'il n'y a pas eu clôture du procès-verbal ou jugement de validité; oui, s'il y a eu clôture du procès-verbal ou jugement de validité. Il faut ici traiter la femme comme un simple créancier.

L'art. 2093 que nous appliquons fait, il est vrai, une importante réserve : « Le prix, dit-il, s'en distribue entre eux par contribution, à moins qu'il n'y ait entre les créanciers des causes légitimes de préférence. » Cette cause légitime n'existe-t-elle pas pour la femme, et après l'avoir traitée comme simple créancière, à l'égard des meubles communs, ne lui accorderons-nous pas l'exercice de son hypothèque légale sur les immeubles communs? Distinguons. Les conquêts de communauté n'ont été ni aliénés ni grevés de droits réels. La femme renonce, tous les immeubles communs sont considérés comme ayant toujours appartenu au mari : dès lors ils doivent être grevés par l'hypothèque légale. La renonciation de la femme produit sur le droit de copropriété qu'elle avait sur les biens communs, les effets d'une condition résolutoire. Le mari était copropriétaire ; la condition résolutoire accomplie, il devient *jure non decrescendi*, seul propriétaire. Aussi la loi du 22 frimaire an VII et la loi du 28 avril 1816, ne soumettent-elles qu'à un droit fixe, et non à un droit proportionnel de transmission, les renonciations à communautés. L'art. 1475 vient confirmer cette manière d'envisager la renonciation de la femme.

Les conquêts ont été aliénés ou grevés de droits réels pendant la communauté, ou bien ils ont été expropriés ou grevés d'hypothèques judiciaires, à la suite de jugements rendus contre le mari. Dans ce cas, la femme renonçante aura-t-elle hypothèque contre l'acquéreur où le créancier hypothécaire? Nous croyons, malgré l'avis contraire de la jurisprudence, devoir nous prononcer pour la négative [1].

Pour combattre nos conclusions, on dit : La femme *non est socia, sed speratur fore*; ce système renouvelé de l'ancien droit, et qui donne au mari la propriété pure et simple des biens communs,

---

[1] Valette, *Hyp.*, p. 259. — Persil, *Reg. Hyp.*, sur l'art. 2121, n. 10. — Cubain, *Des droits des femmes mariées*, n. 528.

est presque abandonné aujourd'hui. Tous les articles du code prouvent que la femme est copropriétaire, nous l'avons dans le cours de ce travail plusieurs fois établi. On se rejette sur un autre argument; on dit : La femme a été commune, mais après la renonciation elle est censée ne plus l'être, et par conséquent les pouvoirs qu'elle a donnés au mari sont rétroactivement anéantis. Nous répondons : Nulle part le code ne parle ainsi de la renonciation de la femme.

L'art. 785, il est vrai, porte : « L'héritier qui renonce est censé n'avoir jamais hérité. » Mais cela se comprend : la loi déclare l'héritier héritier à son insu, indépendamment de sa volonté; ne faut-il pas lui laisser un moyen d'échapper au fardeau que lui impose la loi? La situation de la femme n'est pas la même : la loi n'a pas fait la femme commune à son insu. Et puis s'agit-il ici d'une renonciation au régime de communauté? Nullement. Sous quel régime la femme alors serait-elle mariée? Sous aucun. Peut-on admettre un pareil résultat? Est-ce que la capacité de la femme n'est pas celle d'une femme commune? est-ce que les actes du mari, faits dans la limite de sa capacité d'administrateur, doivent être regardés comme nuls? C'est pourtant l'inévitable résultat du système qui aurait pour base ce principe : « La femme qui renonce est censée n'avoir jamais été commune. » Si le code dit renonciation à la communauté, ce n'est pas du régime qu'il parle, mais des biens. La femme renonce à ses droits dans l'actif de la communauté, et devient par le fait exempte des charges qui la grevaient. Sans doute le droit de copropriété de la femme se trouve, après la renonciation, résolu au profit du mari; mais la communauté n'en a pas moins existé, l'art. 1421 n'en a pas moins été appliqué, l'hypothèque constituée, l'aliénation faite par le mari mandataire de la femme.

J'invoque, et je crois le premier, l'art. 2005 : « La révocation notifiée au seul mandataire ne peut être opposée aux tiers qui ont traité dans l'ignorance de cette révocation. » Or les tiers ont fait plus que de traiter dans l'ignorance de la révocation : ils ont traité alors que le mandat n'était pas révoqué. Comment soutenir que le mandat est effacé? La pensée de la loi est de donner pour base au crédit du mari tous les biens communs (article 1494). C'est par cette raison que l'art. 1421 l'investit d'un mandat illimité pour les actes à titre onéreux. La loi serait contradictoire au premier chef si elle retirait d'une main les pouvoirs qu'elle donne de l'autre. La renonciation de la femme ne peut pas empêcher que l'art. 1421 n'ait reçu sa pleine et entière exécution. Que la femme, en renonçant, se mette à couvert de l'administration du mari, soit, et c'est pourquoi l'art. 1492 dit qu'elle perd toute espèce de droits sur la communauté, et l'article 1494 qu'elle est déchargée des obligations de la femme commune; mais, en fait, n'a-t-elle pas été commune, et le mari n'a-t-il pas agi dans les limites de son droit de copropriétaire et de mandataire? Assurément.

Le système de la jurisprudence a deux défauts capitaux : il détruit le crédit du mari, et il nuit à la femme en voulant la protéger. Il détruit le crédit du mari, car les tiers n'oseront plus faire au mari un prêt sur hypothèque. On me dira : Cette objection s'adresse à l'hypothèque légale elle-même, et si on consent à l'admettre, on sera conduit à refuser l'hypothèque légale à la femme, même sur les biens du mari; je réplique à mon tour : De ce que le crédit du mari est atteint par l'hypothèque légale de la femme, il ne s'ensuit pas qu'il faille le compromettre encore davantage; tout au contraire, on doit, dans l'intérêt des deux époux, chercher à le soutenir. Ce n'est pas tout : ce système ruine la femme en voulant la protéger. Les tiers, pour échapper à l'hypothèque légale, feront intervenir la femme; non-seulement elle perdra son hypothèque, mais elle se trouvera personnellement obligée. Or la renonciation à la communauté ne l'affranchira point (art. 1494). — On suppose d'ailleurs que les tiers sont en faute : cela est injuste. Que n'ont-ils fait intervenir la femme? me dit-on. Mais souvent ils ne le peuvent pas : ainsi des créanciers qui ont une hypothèque légale ou judiciaire. — Quant à la purge légale que nos adversaires proposent aux acquéreurs des conquêts, elle n'aura d'autre résultat que de donner à la femme le droit de troubler l'administration du mari, en exerçant, pendant la communauté, son hypothèque sur les conquêts aliénés.

Enfin on invoque un dernier argument : Si l'on repousse la théorie par laquelle la femme est censée n'avoir jamais été commune, on se trouve en contradiction avec l'art. 711; comment expliquer que le mari devienne propriétaire? Je l'explique en faisant remarquer que toute cette matière de la communauté légale est présumée avoir été réglée par les parties, que la communauté est une société établie sur cette base : si la femme ne veut point prendre part au passif, elle renoncera à l'actif, et le mari étant déjà copropriétaire, eu demeurera seul propriétaire. C'est donc par l'effet d'une condition tacite que le mari reste seul propriétaire. Il n'y a pas besoin, pour expliquer ce fait, de créer une fiction qui n'est ni dans la loi ni dans l'intention des parties, de supposer que la femme n'a jamais été commune. La femme a été commune; le mari, en conférant une hypothèque sur un conquêt de communauté, a agi en son nom et au nom de la femme. La renonciation de la femme n'a pas détruit le mandat du mari et l'existence de la communauté. S'il est vrai que les conquêts aient été hypothéqués en son nom, la femme ne peut exercer sur eux son hypothèque légale : et c'est en définitive la solution que nous adoptons.

POSITIONS.

Droit civil.

I. La communauté conjugale n'est pas dans le Codo Napoléon un être moral.

II. Le mari n'est pas propriétaire des biens communs : il n'en est qu'administrateur avec des pouvoirs très-étendus.

III. Le mari peut être poursuivi pour le tout après la dissolution de la communauté, à raison des obligations qu'a contractées la femme autorisée par lui.

IV. Même décision pour les obligations contractées par la femme autorisée de justice dans le cas de l'art. 1427.

V. Même décision pour les obligations contractées conjointement avec la femme commune.

VI. Lorsque les biens de la femme sont insuffisants pour acquitter la moitié qu'elle doit dans la dette, le créancier pourra contraindre le mari à fournir non-seulement la moitié dont il est tenu, mais le complément de ce que la femme n'a pas payé.

VII. Qu'elle accepte ou qu'elle renonce, la femme commune exerce ses reprises à titre de créancière.

VIII. Qu'elle accepte ou qu'elle renonce, la femme commune ne peut exercer son hypothèque légale sur les conquêts de communauté aliénés ou hypothéqués par le mari.

Histoire du droit.

I. La femme franque n'est point copropriétaire des acquêts. La formule XVII, liv. II de Marculfe, suppose un acte antérieur au *dotalitium*. Le titre XXXVII de la loi ripuaire n'établit au profit de la femme qu'un gain de survie.

II. Le *dotalitium* chrétien absorbe le *morgengab* et la *donatio propter nuptias*. Il constitue une société d'acquêts entre époux.

III. Le capitulaire de 821 consacre au profit de la veuve franque un gain de survie en pleine propriété, même sur les bénéfices.

IV. L'ordonnance de Philippe-Auguste sur les acquêts (1219) n'est pas spéciale à la Normandie.

V. On peut concilier l'origine germanique du droit de renoncer avec celle que l'auteur du Coutumier de Charles VI assigne à ce droit.

VI. Nouveau système sur les origines de la communauté de biens entre époux. La communauté coutumière est née d'une part de la transformation du *dotalitium* chrétien et du gain de survie des lois barbares dans les classes nobles, et de l'autre du principe de la société conjugale développé dans les classes bourgeoises, par les efforts de l'Église, le droit canonique, la nature non féodale des meubles, l'absence fréquente de douaire, et les nécessités sociales.

VII. Les communautés serviles n'ont point donné naissance à la communauté conjugale.

Droit des gens.

I. La pleine mer ne peut être l'objet d'une propriété exclusive.

II. Les belligérants ont le droit de visiter les navires marchands neutres, pour vérifier s'ils ne font point la contrebande de guerre.

III. Le tribunal du capteur juge de la validité de la prise faite sur un neutre.

Droit criminel.

I. La chose jugée au criminel est souverainement jugée, même au profit ou au préjudice de ceux qui intenteraient ultérieurement l'action civile.

II. La tentative d'avortement, non suivie d'effet, n'est pas punie par le Code pénal.

Vu par le président de la thèse,
Ch. GIRAUD.

Vu par le doyen,
C. PELLAT.

Permis d'imprimer, le vice-recteur,
GAYX.

Paris. — Typographie de Firmin Didot, frères, fils et Cᵉ, rue Jacob, 56.

PARIS. — TYPOGRAPHIE DE FIRMIN DIDOT FRÈRES, RUE JACOB, 56.